레버리지
LEVERAGE
ROB MOORE

● 일러두기
한국 독자들의 이해를 돕기 위해 1파운드당 1,500원으로 환산하여 표기하였다.

ROB MOORE

레버리지
LEVERAGE

자본주의 속에 숨겨진 부의 비밀

롭 무어 지음 | 김유미 옮김

다산
북스

"인생을 바꿔줄 위대한 책이다.
우리는 더 쉽고 빠르게 성공할 수 있다."

- 브라이언 트레이시(비즈니스 컨설턴트)

아마존 베스트셀러 1위!

『레버리지』에 쏟아진 수많은 찬사

★★★★★

놀랍다. 이 책을 읽고 나는 삶을 활용하기 시작했다.

- Raymond Robert(아마존 독자)

★★★★★

레버리지는 내 사업의 판도를 바꿔 놓았다.
더 이상 알려지지 않았으면 좋겠다.

- Mildred(아마존 독자)

★★★★★

레버리지를 통해 영리한 방법으로
돈을 버는 수많은 방법을 배웠고,
내 시간을 죽이고 있는 것들이 무엇인지 알게 됐다.

- Phil Williams(아마존 독자)

★★★★★

50시간이던 근무 시간을 30시간으로
단축시켜준 기적의 책.

- Mr. P. Binns(아마존 독자)

★★★★★

일에 너무 많은 시간을 할애해온
내 삶의 관점을 바꿔준 책.

- J. Hockey(아마존 독자)

★★★★★

매우 실용적인 통찰이다. 지금의 조건에서
성공하기를 갈망하는 모든 사람에게 필요한 책.

- Don Petuchi(아마존 독자)

★★★★★

혁신적이고 탁월한 아이디어로 가득하다.
지금까지의 내가 한심할 정도다.

- James Day(아마존 독자)

★★★★★

두 시간만 투자하여 이 책을 읽어라.
당신의 삶은 송두리째 바뀔 것이다.

- Joungkeun Lim(아마존 독자)

★★★★★

레버리지를 통해
내 사업은 놀라운 결과를 얻었다.

- Samuel Clark(아마존 독자)

★★★★★

시간을 절약하는 가장 좋은 방법은
레버리지다!

- andrew gallivan(아마존 독자)

★★★★★

자본주의 속에 숨겨진
부의 공식이 완벽하게 담긴 책.

- Elizabeth W(아마존 독자)

★★★★★

훌륭하고 흥미롭다!
내 모든 생각을 자극하는 책이다.

- YVONNE ABOU-NADER(아마존 독자)

★★★★★

인생에 변화를 주고 싶다면
반드시 읽어야 할 책.

- The Ultimate Tracker Collection(아마존 독자)

★★★★★

레버리지를 활용하면
어떤 전투에서도 승리할 수 있다.

- Gabriel I(아마존 독자)

★★★★★

정말 환상적인 책.

- PJude'sJuice(아마존 독자)

★★★★★

열심히 일만 해서는 절대 부자가 될 수 없는 이유가
이 책 안에 모두 담겨 있다.

- Mum's Bits(아마존 독자)

★★★★★

이 책을 읽고
자기관리를 잘할 수 있게 되었다.

- Megadeth(아마존 독자)

차례

당신에겐 레버리지가 있습니까?

현대 사회에서 우리는 고용자 아니면 고용인, 노예 아니면 주인, 리더 아니면 추종자다. 각 개인은 다른 개인을 섬긴다. 한쪽은 레버리지 하고 다른 한쪽은 레버리지 당한다. 아무도 당신을 위해 일하고 있지 않다면 당신이 다른 사람을 위해 일하고 있는 것이다. 그들은 당신으로부터 돈을 벌고 있다.

대부분의 사람은 시간과 돈이 정비례한다고 생각한다. 그러나 백만장자, 억만장자 들은 그것들이 반비례한다는 사실을 알고 있다. 이제 우리는 더 열심히, 더 오래 일하라는 사회의 명령에 의문을 제기해야 한다. 이 책은 남들과 다른 삶을 살아가려는 사람들을 위한 책이다. 변화를 만들고 싶은 사람들, 자신이 믿는 것을 끝까지 밀고 나갈 용기를 가진 사람들, 삶에 천천히 시들어가는 것보다 더 중요한 어떤 것이 있다고 믿기에 종종 오해를 받으면서도 기꺼이 위험을 감수하는 사람들을 위한 책이다.

이 책을 쓸 수 있도록 도와준 훌륭한 연구원이자 친구인 수니프 Suneep에게 감사한 마음을 전한다. 더불어 나의 비즈니스 파트너이자 조력자인 마크 호머Mark Homer, 나에게 자유를 선물해주는 사랑하는 아내 제마Gemma, 매일 새로운 힘을 불어넣어주는 팀원들, 많은 조언과 제안을 아끼지 않았던 프로그레시브 커뮤니티Progressive community에 영광을 전한다.

그리고 독자 여러분에게 감사를 전한다. 당신은 열정적이고, 집중력 있고, 직관적이고, 성장할 준비가 되어 있는 훌륭한 사람이다. 나를 당신의 여행에 동반자로 초청해준 것에 대해 진심으로 감사한다. 이제 곧 우리의 여행이 시작될 것이다.

2017년 4월

롭 무어Rob Moore

1장

레버리지

LEVERAGE

부의 지렛대를
만드는 힘

성공의 기본 법칙은 깨졌다

(LEVERAGE)

나에게 충분히 긴 지렛대를 준다면,
나는 세상을 움직일 수 있을 것이다.
– 아르키메데스

먼저 사생활 보호를 위해 봅은 실명이 아니라는 점을 밝혀둔다. 봅은 최고의 소프트웨어 개발자다. 가정적이고, 순종적이고, 조용한 정규직 회사원이다. 겉으로 보기엔 엘리베이터에서 마주치면 그냥 지나치게 될 것 같은 지극히 평범한 사람이다.

그는 탁월한 업무 능력을 인정받아 1억 8000만 원의 연봉을 받았다. 그런데 그의 인터넷 검색 기록을 살펴보니 그가 근무 시간에 이베이나 페이스북을 하며 시간을 보냈다는 사실이 발견되었다. 봅의 회사는 조사관을 고용하여 봅의 불규칙한 근무 태도와 온라인 사용 기록을 조사했고, 그 결과 그가 자신의 모든 업무를 중국에 있는 아웃소싱 업체에 의뢰했다는 사실을 알아냈다. 그는 아웃소싱 업체에 1년 동안 3,750만 원을 지불했다. 결과적으로 1억 5000만 원 이상의 순이익을 올리면서 회사에서는 전혀 일을 하지 않았던 것이다. 알고 보니 그는 다른 회사와도 계약을 맺고 아웃소싱 업체에 업무를 의뢰하는 프리랜서로 일하고 있었다.

하지만 그가 처리한 업무의 수준은 평균 이상이었다. 보고서는 간결하고 탁월했다. 그러나 그는 결국 해고되었다. 만일 5년 전에 내 회사에 봅 같은 직원이 있었다면 나 역시 그를 해고했을 것이다. 하지만 똑같은 상황이 지금 발생한다면 오히려 그를 승진시키고, 그가 아웃소싱 업체와 계약을 맺고 일을 처리한 방법을 배워서 다른 분야에 적용했을 것이다. 봅의 사례는 시대가 변하고 있다는 것을 보여준다. 기존의 관습적인 고용 형태와 업무 방식이 줄어들고 혁신적인 대안이 빠른 속도로 부상하고 있다는 것을 알 수 있다.

또 하나 예를 들어보겠다. 20년 전의 나는 중등교육자격 검정시험을 준비하는 학생이었다. 아버지는 내게 전 과목 A 학점을 받으면 30만 원을 주겠다고 약속했다. 그 시절의 30만 원은 열다섯 살 소년에게는 어마어마한 돈이었다. 나는 아버지가 던진 미끼에 혹해서 밤낮없이 공부에 몰두했다. 원래 같으면 십 대 소년답게 밤마다 친구들과 어울려 놀러 다니고, 여자아이들 꽁무니를 쫓아다녔을 여름방학을 기꺼이 희생했다. 30만 원이 정말 갖고 싶었기 때문이다.

내가 책 속에 파묻혀 있는 동안 내 단짝 중 한 명인 마크는(그의 사생활을 존중해서 마크라는 가명을 사용하겠다) 매일 밤마다 신나게 놀았다. 마크는 여자아이들에게 인기가 좋았고 나는 그런 마크를 질투했다. 나는 속으로 이렇게 되뇌며 유혹을 이겨냈다.

'30만 원에 집중해, 롭.'

마크는 모든 수업을 나와 함께 들었다. 그런데 그는 시험을 코앞에 두고도 전혀 긴장하지 않는 듯 보였다. 공부를 하지 않은 게 분명한데도 당연히 시험을 통과할 것처럼 자신만만했다. 30만 원을 위해 인생에서 가장 좋은 시간을 희생하고 있던 나는 마크를 볼 때마다 화가 치밀었다. 마크가 시험에 떨어져서 내 희생이 타당했다는 걸 증명해주길 기대했다. 드디어 성적표가 나오는 날, 마크와 나는 함께 성적표의 절취선을 찢었다. 나는 성적을 읽어 내려갔다.

"A, A, A, A, A, A 아, 드디어 해냈다!"

자랑스러워하실 아버지의 모습이 떠올랐다. 이제 마크의 차례였다. 마크가 성적표를 펼쳐 성적을 읽었다.

"A, A, A, B, A, B."

"이럴 수가. 어떻게 된 거야, 마크? 넌 공부를 전혀 안 했잖아! 아니야, 넌 공부를 했던 게 분명해!"

나는 놀라서 소리쳤다.

알고 보니 마크는 내 답안지의 대부분을 베꼈던 것이다. 그런데도 그는 그 사실을 숨기거나 부정하려고 하지 않았다. 오히려 자랑스러워했다. 그는 당당하게 말했다.

"넌 좋은 성적과 30만 원을 얻었잖아. 난 좋은 성적과 다섯 명의 여자 친구를 얻었고 내 인생 최고의 한 해를 보냈어."

나는 이 일로 인해 심각한 좌절감에 빠졌다. 시스템과 실제 세계의 괴리에 대해 고민했다. 마크가 부정행위를 한 사실이 발각됐다면 그는 아마도 정학이나 퇴학을 당했을 것이고, 성적도 취소되었을 것이다. 밥처럼 부정행위자라는 낙인이 찍혀 웃음거리가 되었을 것이다. 그것이 교육 시스템의 원칙이다. 대부분의 사람이 이 의무를 지키며 학창 시절을 통과한다. 그러나 나는 12년이 지난 후에야 이 사건의 진정한 교훈을 깨달았다. 밥과 마크의 이야기는 실제 비즈니스 세계에서 레버리지가 무엇인지를 보여주는 사례였다.

아직도 휠체어 탄 백만장자가 부러운가

당신이 만약 16년 동안 공부하는 교육 시스템을 통과하고, 그 과정에서 수천만 원의 빚을 지고, 직업 피라미드에서 가장 밑바닥인 저임금의 일자리를 구한 다음 40년 동안 천천히 고통스럽게 일하는 삶을 원한다면, 이 책은 당신을 위한 책이 아니다. 또한 열심히 일하면서 사랑하는 사람들과 함께 보내는 시간을 희생하고, 추가 근무를 하고, 돈을 저축하면서 행복과 자유를 모두 나중으로 미루는 삶을 살기 원한다면, 이 책은 당신을 위한 책이 아니다. 할 일은 너무 많고, 여유 시간은 너무 적다고 불평하면서 강제적이고 통제 불가능한 삶을 살기 원한다면, 이 책은 당신을 위한 책이 아니다.

레버리지는 당신이 살아 있음을 느끼지 못하게 만드는 모든 것을 아웃소싱하는 기술이다. 레버리지는 당신의 목표와 비전에 따라 당신의 삶을 살아가는 태도다. 레버리지는 돈을 벌고 지속적인 변화를 만들어내기 위해 당신의 가치를 우선하고 그 외의 모든 것을 줄이거나 제거하는 기술이다.

레버리지는 당신의 시간을 가장 크고 지속적인 부를 창조하는 데 사용하고, 당신이 할 수 없거나 하기 싫지만 성취하기 위해 해야만 하는 시간 낭비를 근절하는 시스템이다. 레버리지는 당신이 잘할 수 있는 일을 수행하고, 당신이 잘하지 못하는 모든 것을 위임하는 기술이다. 레버리지는 정신없이 바쁜 순간에도 당신의 머릿속에 목표와 비전, 우선순위를 명확하게 상기시킴으로써 더 높은 수준을 향해 나아가는 삶의 방식이자 철학이다.

레버리지는 다른 사람의 문제가 당신의 문제가 되는 것을 허용하지 않으며, 행복과 성취를 절대 나중으로 연기하지 않고 지금을 즐기도록 돕는다. 끊임없이 열심히 일하는 것과 희생의 규칙을 깨뜨리고, 관습과 일을 수행하는 방식에 의문을 제기하고, 중복과 시간 낭비를 배제하며 높은 수준의 성공과 성취로 향하는 현실적이고 실제적인 지름길이다.

레버리지는 30~40년 후 좀처럼 찾아오지 않는 한 번의 긴 은퇴 생활을 즐기기 위해 살아가는 것이 아닌, 지속적으로 짧은 은퇴 생활을 즐기는 라이프스타일이다. 레버리지는 붙잡을 수 없는 것을 붙잡기 위해 공허감과 불만족을 느끼며 살아가는 것이 아닌, 성공과 발전을 최대화하기 위해 지금 당장 생각하고 느끼는 방식을 탐구하는 심리학이다. 레버리지는 당신의 목표를 자연스럽게 조율하고, 당신의 깊은 내면이 원하는 변화를 창출할 명료함을 제공할 것이다. 당신이 매 순간 최고의 가치를 누리면서 계속 성장하고 발전할 수 있도록 균형과 통제력, 유연성을 갖추고 직관적으로 가장 중요한 일을 하는 방법을 알려줄 것이다.

레버리지 할 것인가 레버리지 당할 것인가

사회가 말하는 성공의 기본 법칙은 '열심히 일하는 것'과 '희생'이다. 당신이 사랑하는 것들을 희생하고, 남들보다 더 열심히, 더 오래 일하고, 더 일찍 일어나고, 더 늦게까지 깨어 있고, 더 열심히 움직인다면, 당신은 결국 성공할 것이다. 그러나 당신이 행복한 삶과 시간적인 자유를 원한다면 더 열심히, 더 오래 일하라는 성공의 법칙이 근거 없는 망상이라는 것을 알아야 한다.

더 현명한 방법이 있지만 제도권은 당신이 그 방법을 아는 것을 원치 않는다. 봅은 그 방법을 사용했다는 이유로 해고당했다. 당신이 봅과 같은 방법을 사용한다면 제도권, 공공 기관, 일반 기업은 당신을 해고하거나 처벌할 것이다. 그들은 당신에게 나태하고 속임수를 쓰는 직원이라는 낙인을 찍을 것이다. 당신이 열심히 일하지 않고, 시간을 희생하지 않고, 세금을 내지 않았기 때문에 죄책감과 수치심을 느껴야 한다고 주장할 것이다.

그들의 힘에 굴복하지 마라. 열심히 일하고 무지한 상태로 침묵하라는 기만과 세뇌에 속지 마라. 당신은 혁신적으로 생각하고 최선의 결과를 얻을 수 있는 지름길을 추구하는, 새롭고 현대적인 방법을 시도할 수 있다. 당신이 없어도 모든 일이 진행될 수 있게 할 수 있다. 시간을 정복할 수 있다. 이제 관습에 대해 의문을 제기하라. 주변의 존재들이 당신에게 가하는 압력을 거부하고, 그들의 긴급한 일이 아니라 당신에게 긴급한 일을 수행하라.

당신은 시간을 희생하거나 수십 년간 행복을 뒤로 미루는 삶의 방식에서 벗어나 비즈니스와 일, 가정과 자녀, 열정을 통제하고,

평등하고 효과적인 변화와 사회적 환원을 창출하는 삶을 살 수 있다. 사랑하는 일을 하고, 열정과 직업, 일과 휴가를 통합할 수 있다.

우리는 변화와 적자생존의 시대에 살고 있다. 산업 시대는 이미 오래전에 지나갔다. 제조업이나 육체노동에 의존하는 사람들은 과도한 노동에 시달리면서 낮은 급여를 받는 취약한 계층으로 전락했다. 과학 기술의 발전은 빠르다. 엄청나게 빠르다. 눈 깜짝할 사이에 글로벌 상호 연결성과 원격 생산성이 기업가들을 지배하고 있다. 당신은 손바닥 안에 있는 작은 기기로 세계 어느 곳에서나 비즈니스를 시작할 수 있다. 인터넷으로 세계의 모든 정보를 쉽게 찾고 활용할 수 있다. 어디서나 와이파이에 접속할 수 있고, 무료로 아마존이나 이베이 같은 전자 상거래 계정을 만들 수 있다. 아이디어만으로도 크라우드 펀딩Crowd Funding 사이트에서 많은 기금을 모을 수 있다.

당신은 SNS를 통해 저렴한 비용을 지불하고 온라인으로 고객을 찾을 수 있다. 전 세계 어디에서나 무료로 브랜드 기반을 구축할 수 있고, 직원, 상품, 비용, 서버가 없어도 상점을 개설할 수 있다. 소셜 플랫폼과 마케팅 플랫폼을 활용하면 무료로 전 세계의 고객들과 맞닿을 수 있다. 세계 최대의 전자 상거래 플랫폼인 알리바바는 상품을 보유하고 있지 않다. 우버는 자동차를 가지고 있지 않다. 페이스북은 콘텐츠를 생산하지 않는다. 넷플릭스는 영화관을 소유하고 있지 않다.

실체가 없는 소셜 플랫폼 업체들이 수십억 원에 상장되는 시대다. 트위터는 수익 모델 없이도 142억 달러의 기업 가치를 인정받았다. 페이스북은 플랫폼에 광고를 게시하기도 전인 2012년에 이미 시가총액이 1,040억 달러에 달했다. 십 대 청년들이 기숙사에서 설립한 이 회사는 '미래의 판매'를 수천억 달러에 팔았다. 이 외에도 프로그래머들과 해커들이 새로운 재벌로 등장했다. 누구든지 특별한 아이디어만 있으면 수백만 명의 팔로워를 끌어들일 수 있다. 사회는 이제 공유 도메인 안에 있다. 버튼 하나만 누르면 원하는 모든 것을 얻을 수 있다. 과학 기술은 인간을 이해하는 능력을 갖추게 되었다. 실제로 과학은 우리의 생각을 읽고, 우리가 원한다는 사실조차 몰랐던 것들을 우리에게 제시한다. 우리를 중독에 빠지게 하는 방법을 알고 있다.

낡은 것과 새로운 것 사이의 간격은 점점 커지고 있다. 새로운 기술 시대를 수용하지 않으면 도태될 수밖에 없다. 레버리지는 최소한의 노력과 시간으로 현대 과학 기술로부터 최대의 이익을 얻는 방법이고, 삶과 비즈니스를 위해 타인을 활용하는 방법이며, 더 짧은 시간에 더 많은 일을 처리하고, 모든 것을 아웃소싱하고, 이상적인 라이프스타일을 창조하는 방법이다.

최소 노력의 법칙

LEVERAGE

성공 전략의 본질은 목표를 어떻게 이룰 것인지가 아닌,
무엇을 하지 않을 것인지를 선택하는 데 있다.

– 워런 버핏

레버리지는 과학에 기반을 둔 사고법이다. 더 적은 것으로 더 많은 것을 성취하는 것, 더 적은 돈으로 더 많은 돈을 버는 것, 더 짧은 시간을 투자해서 더 많은 시간을 얻는 것, 더 적은 노력으로 더 많은 성과를 얻는 자본주의 속 숨겨진 공식이다. 한마디로 하면 '최소 노력의 법칙'이다.

누군가에게는 믿기 어려운 개념일 것이다. '열심히 일하는 것'이 남보다 많은 돈을 벌기 위한 유일한 방법이라고 생각해왔다면 말이다. 당신은 생계를 유지하기 위해서 많은 시간을 희생해야 한다고 생각할지도 모른다. 그러나 삶은 오롯이 당신의 권리다. 삶은

'버는 것'이 아니라 '사는 것'이어야 한다.

우리는 누구나 레버리지를 경험한다. 당신은 포식자 아니면 먹잇감이다. 고용자 아니면 노동자, 노예 아니면 주인, 리더 아니면 추종자다. 각 개인은 다른 개인을 섬긴다. 한쪽은 레버리지 하고 다른 한쪽은 레버리지 당한다. 당신은 레버리지를 사용해 다른 사람들의 돈과 시간을 얻을 수도 있고, 반대로 누군가의 계획 속에서 레버리지 당하며 포기한 시간을 대신해 시간당 급여를 받을 수도 있다. 이 모든 것은 당신의 선택이다.

그러나 만일 당신이 타인의 계획 속에서 움직인다면, 아무도 당신을 위해 일하지 않는다면, 당신은 레버리지에 의해 지배당하고 있는 것이다. 그들은 당신으로부터 돈을 벌고 있다. 당신은 먹이 사슬 밑바닥에서 가장 적은 돈을 벌며 가장 많은 일을 한다. 자유와 통제력을 가장 적게 누린다. 대부분의 사람은 시간과 일과 돈이 정비례한다고 생각한다. 그러나 백만장자, 억만장자, 기업가 들은 그것이 반비례한다는 사실을 알고 있다. 사회는 우리에게 돈을 위해 열심히 일하라고, 더 긴 시간 동안 일하고 초과 근무를 해야만 더 많은 돈을 벌 수 있다고 말하지만 실상은 레버리지를 구축한 사람이 가장 많은 돈을 벌어들인다.

시간과 돈은 반비례한다

일반적인 통념과 달리 시간과 돈은 반비례한다. 통계청의 임금 통계를 살펴보자. 영국에서 평균 소득이 가장 높은 직종은 중개업으로, 1년에 약 2억 원을 번다. 중개인들은 제품을 만들지 않는다. 그들은 다른 사람의 제품을 판매하고 수수료를 받는다. 간접 비용이 적게 들고 리스크가 낮으며 노동 대비 높은 수수료를 받는다. 일이 잘못되는 경우에도 타격을 입는 것은 그들이 아니라 고객이다. 중개인은 두 번째로 높은 소득을 올리는 직종보다 24퍼센트나 더 많은 돈을 번다. 중개인 다음으로 소득이 많은 직종은 평균 1억 6000만 원을 버는 CEO와 고위 임원들이다. 그러나 이들은 전략적 사고와 리더십, 비전을 요구받고 회의와 출장이 잦기 때문에 노동 강도가 세다.

소득 순위 끝자락에 있는 직종은 경호원, 보육사, 교통정리원이다. 이런 직업은 아이들이나 취약한 사람들을 세심하게 돌봐야 하기 때문에 높은 수준의 책임감을 요구받는다. 겨울에도 야외에서 일해야 하고, 크리스마스에도 일해야 하며, 타인의 건강과 안전을 전적으로 책임져야 하는 제로 레버리지 직종으로, 시간을 돈으로 바꿔야 하는 고된 육체노동이다. 이 세 직종의 평균 임금은 최상위 소득 계층보다 무려 스물두 배가량 낮다.

소득뿐 아니라 노동을 위임할 수 있는 능력도 극도로 양극화되어 있다. 《월스트리트저널》에 따르면 부유층의 44퍼센트는 빈곤층보다 주당 11시간 적게 일한다고 한다. 전일제로 일하는 부유층의 86퍼센트는 주당 20시간을 일하고, 빈곤층의 57퍼센트는 주당 50시간을 일하며, 부유층의 65퍼센트는 3~5개의 생산 수단을 갖고 있다고 한다.

다른 사람을 위해 일하는 것이 나쁘다는 게 아니다. 우리는 서로를 필요로 한다. 은행은 대출자가 필요하고, 대출자는 대출 기관이 필요하다. 집주인과 세입자는 서로 필요한 존재다. 청소부는 감독이 필요하고 감독은 청소부가 필요하다. 그러니까 당신이 '하루 벌어 하루 먹는' 삶에 충분히 만족하고 행복을 느낀다면 나의 조언을 들을 필요가 없다. 이 책은 그저 흥미 삼아 읽고 다시 행복하게 일하는 삶으로 복귀하면 된다.

자신에게 고용된 사람들

만일 당신이 레버리지를 지배한다면 다른 사람의 시간, 자원, 지식, 인맥을 이용해 돈을 벌고, 당신의 시간을 보존하여 계획과 목표, 꿈을 넘어서는 부자가 될 수 있다. 이것은 모든 백만장자들이 이미 실행하고 있는 일이다. 영국에서 가장 부유한 스물다섯 명 중 고용되어 일하는 사람은 한 명도 없다. 그들은 모두 회사를 설립했거나 물려받았다. 한 명도 빠짐없이 고용주, 자영업자, 투자자다. 이들은 돈이 자신을 위해 일하게 하는 법을 안다.

현대 사회에서 레버리지는 점점 더 중요해지고 있다. 선사 시대 때는 매머드를 이용해서 얼음을 날랐을지도 모른다. 그다음엔 바퀴가 있었다. 나아가 자전거, 자동차, 비행기, 우주 왕복선이 등장했다. 이제는 빛의 속도로 정보와 돈을 전송하고 구글과 인터넷으로 전 세계 정보를 레버리지 하는 시대다.

부동산의 경우를 생각해보자. 부동산 사업자는 '임대주' 유형과 '기업가/투자자' 유형으로 나눌 수 있다. 임대주는 직접 일을 하는, 레버리지를 사용하지 않는 노동자에 가깝다. 그들은 부동산을 구매하고, 관리하고, 유지하는 자영업자에 불과하며 높은 보수를 받는 직장인보다 대단히 큰 소득을 얻지는 못한다. 그들은 종종 보수 공사, 페인트칠, 인테리어, 집세 수취, 기타 관리 업무를 직접 처리해야 한다. 반면 기업가/투자자는 모든 규제와 관리를 아웃소싱하여 레버리지 효과를 얻는다. 더 큰 소득을 창출하기 위해 더 높은 층위의 전략과 비전을 만드는 데 시간을 투자하고, 자신의 가치에 따라 살아간다. 이러한 예는 다른 산업이나 일반 기업에도 동일하게 적용된다. 그러나 많은 자영업자가 자신이 만들어낸 일에만 몰두한다. 그들은 아무도 자신만큼 일을 잘할 수 없다고 생각하고, 자신이 직접 일을 함으로써 돈을 절약할 수 있다고 믿기 때문에 다른 사람에게 업무를 맡기지 않는다. 허울만 자영업자고 실상은 스스로에게 고용된 노동자이자 자신의 노예로 전락하는 것이다.

이제 레버리지는 그 어느 때보다 평범한 사람들이 쉽게 접근할 수 있는 원리가 되었다. 발전을 방해하는 주된 요인은 두려움, 지식의 부족, 신념의 부족, 사회의 통제, 정보의 비대칭이었으나 인터넷의 등장으로 많은 부분이 해소되었다. 하지만 여전히 부모님 세대로부터 열심히 일하고, 머리를 숙이고, 희생하고, 모험을 하지 말라는 가치관을 물려받은 사람들에게 레버리지는 수용하기 어려운 변화일지도 모른다. 물론 당신은 그런 사람이 아닐 거라고 생각한다. 혹시 당신에게 해당하는 이야기인가?

더 열심히, 더 오래 일하라는 기만

삶의 목적은 목적 있는 삶을 사는 것이다.

– 로빈 샤르마

앞서 말했듯 성공에 대한 일반적인 신화 중에서 가장 큰 망상은 '열심히 일하라'는 것이다. 그 외에도 '다른 사람보다 더 오래 일하면 최고가 될 것이다', '희생을 감수하고 끝까지 노력하라', '결코 포기하지 마라', '고통스러워도 계속 가라', '약해지면 안 된다', '씩씩하고 용기 있게 행동하라' 등이 있다. 이 말들은 스포츠 선수에게나 적용할 만한 원칙이다. 직업을 선택하고 시간을 투자하는 문제에 있어서는 이보다 고려해야 할 사항이 훨씬 더 많다.

당신은 올바르게 시간을 투자하는 방법을 알아야 한다. 성과를 내기 어려운 일을 위해서 오랜 시간을 희생하는 것은 어리석은 짓이다. 그러나 지구 상의 대부분의 사람이 그 어리석은 행동을 하고 있다. 마치 사회가 억지로 좁은 공간에 가둬놓은 좀비들처럼.

만일 당신이 3~5년마다 승진을 하고, 인플레이션에 못 미치는 수준으로 인상되는 급여를 받기 위해 일주일에 60시간씩 일한다면, 사랑하는 사람들과 원하는 시간과 장소에서 좋아하는 것을 하는 만족을 미루고 있다면, 연봉이 4,500만 원 인상되는 데 30년이 걸린다면, 당신은 스스로의 삶을 기만하고 있는 것이다.

또한 산업 발전으로 인해 무용지물이 된 기술에 당신의 시간을 투자하거나, 경제적인 이익을 통제할 수 있는 직접적인 능력을 갖추지 못하고, 다른 사람을 부자로 만들기 위해 당신의 시간을 투자하거나 정부 시스템에 당신의 미래를 의존한다면, 이 또한 삶을 기만하는 것이다.

시간과 돈이 비례한다는 보편적인 착각은 '수확체감의 법칙Law of diminishing returns(자본과 노동 등 생산 요소가 한 단위 추가될 때 이로 인해 늘어나는 한계생산량은 점차 줄어드는 것-옮긴이)'을 기준으로 봤을 때 전혀 근거가 없다. 사람들은 조금 더 많은 돈을 벌기 위해 초과 근무를 한다. 초과 근무를 해서 더 많은 돈을 벌고 있다고 생각하는 것 역시 착각이다. 시간은 되찾을 수 없다. 그러나 높아지는 생활 수준을 유지하려면 더 많은 돈을 벌어야 한다. 이런 상황은 우리를 더욱 압박한다. 하지만 수입을 유지하기 위해 당신이 시간을 투자하는 동안 인플레이션은 슬그머니 뒤를 따라온다.

관습적인 사고는 관습적인 결과를 낳는다. '열심히 일하고 초과 근무를 하라'는 사고방식을 가진 노동자는 소득을 창출하지만, 그것은 대부분 생산 수단의 소유주나 세금을 거두어들이는 정부를 위한 것이다. 노동자들은 대출금과 노후 보장의 망상, 안전한 은퇴라는 덫에 갇혀 있다. 예고 없이 정부가 당신의 연금을 써버리거나, 법률 개정으로 회사가 당신을 해고하거나, 상사가 당신의 일자리를 날려버리는 상황은 언제든지 발생할 수 있다.

유니버시티 칼리지 런던University College London에 따르면, 일주일에 55시간 일하는 사람들은 35~40시간 일하는 사람들보다 뇌졸중에 걸릴 위험이 33퍼센트나 증가한다고 한다. 41시간에서 48시간 일하는 사람은 뇌졸중 위험이 10퍼센트 더 증가하고, 49시간에서 54시간 일하는 사람은 뇌졸중 위험이 27퍼센트 증가한다. 심장질환에 걸릴 위험도 13퍼센트 증가한다. 다 늙어서 은퇴하기 위해 이런 위험을 감수해야 하는가. 어쩌면 그 나이까지 살지 못할 수도 있다. 무조건적이고 반복적인 방식으로 원하는 것을 얻는 시대는 끝났다. 이제는 고용주, 사회, 외부적인 기대가 만들어낸 노동 시간이나 규정에 따르지 않고 당신 자신만의 레버리지를 만들어야 한다.

당신의 선택을 방해하는 것은 무엇인가

선택의 자유를 누리는 삶이 공정하고 안정적인 삶이다. 현재의 직업이 당신의 선택을 제한해서는 안 된다. 만약 당신이 삶의 리스크를 전혀 걱정하지 않아도 된다고 가정해보자. 당신은 아마 큰 수익을 창출하는, 경력을 발전시킬, 잠재적인 고객이 많은, 글로벌 진출이 가능한, 자유와 창의성으로 가득한, 성장 가능성이 무한한 일을 할 것이다. 그렇다면 지금 당신의 선택을 방해하는 것은 무엇인가. 당신은 약간의 돈을 벌기 위해 당신이 싫어하는 일에 시간의 대부분을 사용하고, 남는 시간에 좋아하는 일을 하는가? 그러지 않아도 된다. 당신은 열정과 직업을 통합할 수 있고, 가장 잘하고 좋아하는 일을 찾고, 나머지는 레버리지 방식으로 아웃소싱할 수 있다. '열정과 직업의 통합'을 이루는 방법은 나중에 상세하게 설명할 것이다.

우상을 모방하라

당신의 우상은 당신이 꿈꾸는 삶을 창조하고, 더 짧은 시간에 더 많은 일을 처리하고, 가치가 낮은 모든 업무를 아웃소싱하는 방법을 알고 있다. 그리고 그들이 할 수 있다면 당신도 할 수 있다. 그들 대부분은 자수성가한 사람이다. 그러므로 이상적인 삶을 창조하는 가장 쉽고 안전한 방법은 그들을 연구하고, 그들이 현재 위치에 도달하기까지 했던 일들을 모방하는 것이다. 이 개념은 매우 단순해서 다들 알고 있을지도 모른다. 문제는 그것을 그들만이 할 수 있다고 생각하고, 성공한 이를 시기하는 것이다. 우리는 모두 동일한 시간을 갖고 있다. 성공한 이들은 레버리지 효과가 가장 높은 방식으로 원하는 곳에 도달하는 시스템과 전략을 찾아냈을 뿐이다.

누구나 많은 돈을 갖기를 원한다. 그러나 돈은 극단적으로 불평등하게 분배되어 있다. 최근 국제 빈민 구호단체 옥스팜Oxfam의 발표에 따르면, 전 세계 부의 절반을 전 세계 인구의 1퍼센트가 차지하고 있다. 통계를 보면 상위 1퍼센트가 소유한 부의 점유율은 2009년 44퍼센트에서 2014년 48퍼센트로 증가했다. 현재 하위 80퍼센트는 전 세계 부의 5.5퍼센트를 차지하고 있다. 세계에서 가장 부유한 85명이 지구에서 가장 가난한 인구가 소유한 부의 절반을 갖고 있다. 이러한 현실에 대해서 가장 큰 불만을 품고 있는 사람들은 누구일까? 당연히 부자들은 아닐 것이다. 그렇다면 당신은 어떤 레버리지 전략을 배울 것인가. 1퍼센트의 전략인가, 아니면 99퍼센트의 전략인가.

레버리지 철학을 당신의 철학으로 만들어라

무엇을 해야 할지 파악하고 실행하라. 당신의 삶에 타인의 계획을 끼워 넣지 마라. 좀비 무리를 따라가지 마라. 더 짧은 시간에 더 많은 일을 처리하고, 가치가 낮은 모든 일을 아웃소싱하고, 당신의 이상적인 라이프스타일을 창출하는 레버리지 철학을 가지고 당신의 방식대로, 당신의 의도대로, 계획에 따라 삶을 살아가라. 다른 사람보다 더 열심히, 더 오래 일했다가는 경제적, 시간적 여유도 없는 은퇴를 위해 자신을 희생하고 소진하게 될 것이다. 더 전략적으로, 더 체계적으로 일하고, 당신의 비전에 집중할 시간을 최대화하고, 단순 작업과 시간 낭비를 철저하게 배제해야 한다. 그로부터 레버리지는 시작된다.

일과 삶의 균형이라는 망상

많은 사람이 당연하게 받아들이는 또 다른 기만적인 개념은 '일과 삶의 균형'이다. 행복과 자유로운 시간을 삶의 마지막으로 미루고, 인생의 1/3을 일하는 데 사용한다면, 그것이 어떻게 '균형'이 될 수 있는가. 당신이 연기한 삶은 끝까지 오지 않을 수도 있다.

당신은 잠자는 시간보다 더 많은 시간을 일하는 데 사용한다. 놀고, 탐험하고, 창조하고, 나누고, 배우고, 사랑하는 시간을 모두 합한 것보다 더 많은 시간을 일하는 데 사용한다. 그것은 균형이 아니라 스스로 부여한 노예의 삶이다. 당신은 자녀가 그런 삶을 사는 것을 원치 않을 것이다. 그런데도 왜 당신은 스스로 그런 삶을 받아들이는가. 주말에 하고 싶은 일을 하기 위해 일주일 내내 자신을 희생하는 것이 어떻게 '균형'이 될 수 있는가. 오랜 시간 동안 싫어하는 일을 하고, 짧은 시간 동안 좋아하는 일을 하는 것이 어떻게 '균형'이 될 수 있는가.

평일 근무와 주말 휴가는 사회가 규정한 것이다. 오전 여덟 시에 근무를 시작하고 오후 여섯 시에 끝내는 것은 기업이 규정한 것이다. 생활비를 벌기 위해 일하는 것은 자본주의가 규정한 것이다. 한 달 동안 일하고, 한 달 후에 급여를 받고, 모든 세금과 보험료를 선불로 빼앗기는 것은 정부가 규정한 것이다. 당신은 사회와 타인이 규정한 시스템에 따라 자신의 삶을 살아가야만 하는가.

시계추는 중간에 머물지 않는다

괘종시계에 달린 추는 양쪽으로 움직인다. 중앙에 멈추지 않는다. 한쪽 끝에서 다른 한쪽 끝으로 움직이는 데 대부분의 시간을 사용한다. 이것이 일과 삶의 균형이 작동하는 방식이다. 당신은 시계추가 중앙에 머물기를 기대하지만, 그것은 터무니없는 망상이다. 억지로 시계추를 한쪽 끝에 머물게 하면 당신은 가정 또는 직장에서 원하는 만큼의 시간을 보내지 못한다. 이것이 시간이 작동하는 방식이다. 동일한 시간과 동일한 균형은 없다. '집중 또는 망각', '성장 또는 쇠퇴', '정복 또는 실패'처럼 극단적인 형태로 나타난다. 그러나 자신의 삶을 통제하는 사람들은 이러한 규칙을 극복할 수 있다.

그들은 더 나은 방식을 알고 있다. 성공을 이룬 사람은 일과 삶의 균형을 이야기하지 않는다. 그보다 더 큰 비전이 그들을 이끌기 때문이다. 성공했다고 해서 항상 좋아하는 일만 하는 것도 아니다. 그저 그 일이 단기적으로는 고통을 준다고 해도 해야만 하는 일이라는 것을 직관적으로 느끼고 시계추의 움직임과 함께 흘러갈 뿐이다. 일과 삶의 시계추를 통제하기 원한다면 아래 내용을 참고하라.

초점을 명확히 하라

당신이 해야만 하는, 당신에게 자존감과 목적의식을 부여하는, 다른 사람들과 당신을 차별화하는, 매달릴 가치가 있는 일을 찾아라. 그 외의 일은 적당히 하라. 모든 사람의 비위를 맞추려고 애쓰지 마라. 버릴 것은 버려라. 당신의 비전과 목표에 초점을 맞추고 다른 모든 것들은 제외하라. 당신이 하는 일이 돈을 벌고 변화를 만드는 일이라는 것을 체감할 때, 열정이 곧 직업일 때, 도전과 만족을 동시에 느낄 때, 그 일은 더 이상 일이 아니게 된다. 당신이 할 수 있는 일은 지금 당신 앞에 놓여 있는 중요한 일을 하는 것뿐이다. 목표를 세워라. 한 번에 한 입씩 먹어라. 마감 기한에 압도되지 말고, 당신이 지금 할 수 있는 일에 초점을 맞춰라.

무엇을 계속하고 무엇을 포기할지 파악하라

약간 땀이 나기 시작할 때 포기하는 것은 나약함이다. 비전의 부족, 장기적인 목적의식의 부재를 드러낸다. 그러나 이 사실을 알면서도 포기하고 싶은 생각이 든다면, 그 일이 당신에게 정말 중요한 일이 아닐 가능성이 높다. 포기가 나약함으로 여겨진다는 이유만으로 그 일을 계속하는 것이 과연 옳을까.

당신이 생각하기에 가치가 없거나 보상이 형편없는 일이라면 빠르게 포기하는 것이 현명하고, 강하고, 용기 있는 행동이다. 포기할 줄 알아야 앞으로 어떻게 일을 추진할지, 어떤 일을 배제할지 직관적으로 파악할 수 있다.

나는 건축학 학사 과정을 공부한 지 2주 만에 나와 맞지 않는다는 것을 깨달았다. 그런데도 154주 동안 그 공부를 계속했다. 한 번도 만난 적 없는 사람들이 내가 출석하지 않은 것을 보고 포기했다고 생각하는 게 싫었기 때문이다. 사실상 그들은 나를 알지도 못했다. 결과적으로 정말 어리석은 짓이었다. 잃어버린 3년뿐 아니라 더 의미 있는 일을 할 수 있는 미래의 시간까지 잃어버렸다.

당신이 싫어하지만 어쩔 수 없이 계속해야 하는 일은 빨리 포기하라. 그래도 안 죽는다. 그러나 어렵고 힘들다는 이유만으로 당신에게 중요한 의미가 있는 일을 포기해서는 안 된다. 당신은 지금 당신에게 중요한 목표로부터 한 걸음 떨어진 곳에 있는지, 아니면 당신에게 중요하지 않은 목표로부터 떨어져 있는지 알아야 한다.

싫다고 말하라

다른 사람들의 기대에 부응하기 위해 어떤 일을 하거나 어떤 사람이 되지 마라. 외부 집단의 압박은 당신을 피로하고 불편하게 만든다. 당신의 비전과 가치에 도움이 되지 않는, 낮은 가치의 일은 다른 사람(그 일을 좋아하고 잘하는 사람)에게 맡겨라. 사소한 일을 포기하고, 당신이 모든 일을 할 수 없다는 사실을 인정하고, 그 시간과 열정을 의미 있고 사랑하는 일에 쏟으면 무한한 자유를 느낄 수 있다.

일과 삶의 경계선

앞서 말했듯 레버리지는 열정과 직업, 일과 휴가를 최대한 통합하려는 시도다. 직장에 있을 땐 집에 가기를 원하고, 집에 있을 땐 직장에 가는 게 두렵다면 앞으로 더 혼란스럽고 불만족스러운 삶을 살게 될 것이다. 당신이 방금 일을 시작했든, 은퇴 시기에 다다

랐든, 사람은 언제나 자신에게 '이것이 내가 진정으로 하고 싶은 일인가?'라고 물어볼 수 있고, 물어봐야 한다.

만약 '그렇다'라고 대답할 수 있다면 그 일은 당신에게 가치 있는 여정이고 비전이기 때문에 고난을 극복할 것이고, 심지어 즐길 것이다. 저명한 심리학자 데이비드 리버만David J. Lieberman 박사는 행복을 '가치 있는 목표를 향한 전진'이라고 말했다. 그 전진은 때로는 빠르고, 때로는 느리고, 때로는 정지하고 있는 것처럼 보인다. 그러나 비전이 명확하다면 목표를 향해 항상 전진할 수 있다. 불행한 사람들의 가장 큰 공통점은 자신의 직업을 싫어하는 것이라고 한다. 직업은 만족의 근원인 동시에 불행의 근원이다. 당신의 직업이 미래의 비전을 기준으로 할 때 우선순위가 높은 직업인지 알아볼 수 있는 몇 가지 사항을 제시해줄 테니 확인해보라.

자신에게 맞는 직업을 가지고 있다

자신에게 맞는 직업을 가지고 있는지는 직관적으로 알 수 있다. 만약 그렇다면 당신은 행복한 사람이다. 이는 매우 드문 경우다. 당신에게 경의를 표하고 싶다. 당신은 그 일을 계속하면서 변화를 창출해야 한다.

만약 반대의 상황이라면 하루빨리 직업을 바꿀 계획을 세워야 한다. 당신은 이미 몇 년 전에 변해야 한다는 사실을 알았을지도 모른다. 그렇다면 지금 당장 실행하라. 그렇지 않으면 '종료일'을 정한 다음 해야 할 일을 설계하라. 단기적인 수입 감소나 새로운 기술을 배우는 어려움을 두려워하지 마라. 평계를 대거나 일시적으로 곤경을 빠져나가려고 해서는 안 된다. 당신은 스스로 아는 것보다 더 많은 자원을 가지고 있다. 차근히 준비하라. 인생은 한 번뿐이다.

회사도 집도 편안하지 않다

가정과 일을 분리하는 것은 당신의 상태를 양극화시킨다. 회사에 있을 때는 집에 가고 싶어 하고, 집에 있을 때는 일 걱정을 하면서 어느 곳에서도 즐거움을 느끼지 못하게 된다. 그렇게 나이가 들면 자신의 삶을 후회할 것이다. 노인이 된 당신을 상상해보라. 어떨 것 같은가.

주변에 적절한 사람들을 두고 있다

주변에 적절한 코치와 멘토를 두는 것은 레버리지의 필수 요소다. 당신이 기업에서 일하고 있다면 내부에 존경하고 배울 것이 많은 사람이 있어야 한다. 가르침을 줄 수 있고, 당신을 지지하고, 당신이 발전하도록 돕는 훌륭한 상사가 있어야 한다. 당신이 잘하지 못하는 업무를 레버리지 할 수 있는, 다양한 기술을 가진 팀에서 일해야 한다. 그들 모두를 인간적으로 좋아할 수는 없겠지만 그들의 기술은 존중해야 하고, 당신의 발전을 위해 그들의 도움을 받아야 한다.

6개월 간격으로 현재의 위치를 측정하고 평가하라

매년 6월과 12월, 당신 혼자 또는 가족들과 함께 현재의 직업을 평가하는 시간을 가져라. 올바른 방향으로 가고 있는지, 코스에서 벗어나지 않았는지, 비전으로부터 멀어지지 않았는지 확인하라. 6개월마다 점검하면 최악의 경우를 면할 수 있다. 코스에서 크게 벗어나지 않을 수 있다. 수년 후에 점검했다가는 너무 멀리 벗어나서 되돌아올 시간이 없을지도 모른다. 지금 당신의 다이어리에 '나 자신과의 미팅'이라고 기입하라.

위 사항들을 활용하여 항상 자신을 점검하라. 당신에게 맞는 일을 하고, 열정과 당신의 직업을 통합하고, 주변에 적절한 사람들을 두고, 정기적으로 현재의 위치를 평가하라. 평가를 통해 당신의 핵심 결과 영역KRA이 높은 수준에서 수행되고 있는지 확인하라. 그렇지 않다면 지금 당장 바꿔야 한다. 자신을 견제하는 시스템이 있으면 가치 있는 목표를 향하는 것은 쉽다. 원하는 방향으로 더 많이 더 빠르게 성장하기 위해 지금 당장 실행하라.

땀이 모든 걸 이뤄주지는 않는다

사업가를 예로 들면, 처음 사업을 시작한 사람은 비용을 최소화하기 위해 모든 일을 직접 하는 것이 최선의 방법이라고 생각하기 쉽다. 이 경우 비용 낭비는 막을 수 있을지 모르지만 시간 낭비는 막을 수 없으며, 예상치 못한 많은 일을 직접 처리해야만 하는 상황에 마주하게 된다.

이를 방지하기 위해서는 시간, 돈, 자원, 아이디어를 통제하는 법을 숙련해야 한다. 레버리지는 벼락부자가 되는 방법이 아닌 시간과 자유를 지키며 성공으로 향하는 길이다. 사회적 지위는 레버리지를 얼마큼 구축했는지에 따라 결정된다. 레버리지가 없으면 사업가도 직장인과 똑같이 상대방을 존중하지 않는 사람들을 상대해야만 한다.

내가 처음 부동산 사업을 시작했을 때, 나 역시 모든 일을 직접 처리하려고 했다. 비용을 최대한 절약하고, 리스크를 줄이고, 손실을 막기 위해서였다. 그러나 하루는 스물네 시간뿐이라서 혼자의 힘으로는 사업을 일정 수준 이상으로 성장시킬 수 없었다. 어떻게 효율적으로 일할지는 생각조차 하지 않았다. 결국 피곤함에 시달리다가 집중력이 떨어져서 실수를 반복했다. 잘못된 방식으로 일했음에도 너무 바빠서 개선할 겨를이 없었다. 그저 그 길을 계속 걸었다.

사실 우리가 일하는 이유는 우리가 정말 좋아하는 것을 할 수 있는 시간의 자유를 얻기 위함이다. 그렇지 않은가? 그러나 나는 사업을 시작한 후부터 좋아하는 일은커녕 경제적 독립과 자유의 꿈으로부터 더 멀어졌다. 그저 정신없이 바쁜 전일제 임대주이자 작은 비즈니스의 노예였을 뿐이었다.

　그때 나는 사업이 다 그런 것이라고 생각했다. 혼자 일했기 때문에 레버리지를 이해하지 못했다. 다른 사람에게 전혀 관심이 없어서 경험이 많은 기업가들을 만날 네트워크도 없었다. 직접 업무를 처리하기 위해 사용한 시간이 오히려 사업의 진행을 지연시켰고, 더 많은 비용을 발생시켰다. 기회비용을 보지 못했고, 자신이 무엇을 모르고 있는지조차 알지 못했으며, 무엇보다 큰돈을 벌 기회를 날려버렸다. 엎친 데 덮친 격으로 사업을 시작한 지 얼마 되지 않아 역사상 최악의 부동산 불황이 닥쳤고, 결국 실패를 맛봤다. 지금 되돌아보면 힘들고 따분한 업무를 직접 처리하지 않고, 낮은 보수로 다른 사람에게 레버리지 했다면 더 빨리, 더 현명하게 목표를 달성할 수 있었을 것이다. 만일 당신이 과거의 나를 만났다면 직접 부동산 주인을 찾고, 거래하고, 물건을 확인하고, 임차인을 찾고, 페인트칠과 인테리어 공사까지 도맡아서 하는 모습을 보았을 것이다. 나는 행정 업무부터 네트워킹 이벤트까지 모든 일을 직접 했다. '땀은 후회를 이긴다!' 따위의 말로 스스로를 격려하면서.

나는 더 이상 중노동에 시달리는 다른 임대주처럼 부동산 사업을 운영하고 싶지 않았다. 그래서 누군가 나 대신 부동산을 둘러보고, 협상하고, 매매하고, 임대하고, 수리하고, 운영하고, 유지하게 하면서도 일정한 수입을 얻을 수 있는 방법을 찾아다녔다. 그러다 나와 10년간 동업한 마크가 이 일을 가치 있게 생각하고 좋아한다는 것을 알게 되었다. 그것은 놀라운 발견이었다. 그에게 모든 일을 위임한 뒤, 그것이 나의 책임을 전가하는 것이 아니라는 사실을 깨달았다. 내가 싫어하는 일을 하고 싶어 하는 사람도 분명히 있다. 나는 다른 방향에서 수익을 창출하고, 성장하고, 경제에 기여하는 일에 집중했다. 이것이 진정한 윈윈이다. 당신도 이런 윈윈 방식을 차용할 수 있다. 이 문제는 나중에 더 자세히 살펴보기로 하자.

우리가 얻을 수 있는 성과와 돈은, 우리가 하고 있는 일이 아니라 하지 않고 있는 일의 양과 같다. 만일 당신이 부자들이 하는 일을 하지 않는다면 당연히 그들처럼 돈을 벌 수 없다. 그러나 아직도 많은 사람이 더 열심히 일하고, 더 오래 일하고, 희생해야 한다는 케케묵은 관습을 맹신하면서 자신이 어리석다고는 생각지 않는다. 그 생각에 너무 깊이 매몰되어 밖을 내다보지 못한다. 그것은 조종하는 사람도, 목적지도 없이 전속력으로 달리는 배와 같다.

레버리지는 당신의 개인적인 생활에도 적용되는 중요한 원리다. 당신이 마당 잔디를 깎거나 집을 청소하거나 옷을 직접 다린다면 그만큼 돈을 벌 시간을 잃는 것이다. 대중교통을 타지 않고 직접 운전을 한다면 그 시간은 죽은 시간이 된다. 언젠가 '백만장자는 자기 앞마당의 잔디를 깎는다'는 문구를 본 적이 있다. 이것은 시대에 뒤떨어진 생각이다. 잔디를 깎는 데 드는 돈은 아낄 수 있겠지만, 더 큰돈을 벌 가능성을 잃어버리게 된다. 많은 사람이 이런 오류를 저지르는 이유는, 자신이 하지 않은 일과 기회비용을 보지 못하기 때문이다.

당신은 이것을 부유한 기업가들에게나 가능한 방식이라고 생각할지도 모른다. 보통 사람은 갖가지 생활비에 시달리고, 대출금을 갚고, 아이를 키우느라 시간이 없다고 말할지도 모른다. 물론 맞는 말이다. 그러나 당신의 삶에 레버리지를 적용하지 않을수록 다른 사람들의 레버리지에 휘둘려 결국 더 가난한 상태에 머물게 될 것이다. 삶은 레버리지 하거나, 레버리지 당하는 양자택일일 수밖에 없다. 선택은 당신의 몫이다. 이 책 후반부에 나올 레버리지 라이프를 위한 구체적인 기술을 참고하기 바란다.

자기 방식의 삶

$$\boxed{\text{LEVERAGE}}$$

저는 미래가 어떻게 전개될지는 모르지만,
누가 그 미래를 결정하는지는 압니다.
– 오프라 윈프리

당신은 자신이 하고 있는 일이 옳은 일인지 알고 있는가? 비전을 향해 나아가고 있는가? 비전이 무엇인지 알고 있는가? 압도감과 좌절감을 느끼고 있지는 않은가? 실수를 두려워하는가? 자신이 올바른 행동을 하고 있는지 의심하는가?

많은 사람이 삶을 통제하지 못하는 이유는 할 수 없어서가 아니라 '자기 방식의 삶'이 어떤 것인지 모르기 때문이다. 그들은 자신의 비전을 규정하고 그 비전을 실행하기 위한 올바른 전략을 사용하지 않는다. 나아갈 방향을 정하지 않는 것이다. 우리는 운전을 하기 전에 내비게이션으로 목적지와 최단 경로를 확인하고, 사고가 났거나 교통체증이 심한 곳을 피해 안내받는다. 그러지 않고 무작정 운전하면 시간과 연료를 낭비하게 되고 목적지에 제시간에 도착하지 못하기 때문이다. 그러나 많은 사람이 내비게이션이 없는 자동차처럼 주먹구구식으로 삶과 비즈니스를 운영한다.

레버리지 전략은 올바른 비전, 방향, 행동 계획을 만들어내기 위해 생각하는 시간이며, 시스템이 당신과 조화를 이루면서 가장 높은 우선순위에 따라 제대로 작동하고 있는지 지속적으로 점검하는 장치다. 많은 사람이 처음 비즈니스를 시작했던 이유를 잊어버리고 일의 노예가 된다. 그들은 단지 너무 바쁘다는 이유로 일 중독에 빠지고 비전을 잊어버린다. 어려움에 직면해서 고착 상태에 빠졌을 때 우리를 앞으로 나아가게 하는 것은 명확한 비전이다. 레버리지는 당신의 비전과 업무 수행을 계속 점검하고, 평가하고, 개선하게 한다.

골프를 예로 들어보자. 골프는 열네 개의 골프채를 사용한다. 그러나 각각의 골프채에 동일한 시간을 들여 연습하는 것은 레버리지가 아닌 관습적이고 비전략적인 방식이다. 통계적으로 한 라운드에서 사용되는 공의 65퍼센트는 100야드 내에서 치는데, 100야드 내에서는 두 개에서 네 개의 골프채가 필요하다. 그렇기 때문에 모든 골프채에 같은 시간을 들여 연습할 필요는 없다. 레버리지를 적용하면 가장 많이 사용하는 골프채로 가장 많이 연습하고, 가장 적게 사용하는 골프채로 가장 적게 연습하는 것이 현명한 연습 방법이다.

잘못된 장소, 즉 맨 밑바닥에서 출발하는 사람이 많다. 그들은 더 많이 일하고, 더 열심히 일하고, 중요하지 않은 일을 하느라 분주하게 움직이면서 생산적으로 일하고 있다고 자신을 기만한다. 그들의 상사, 지도자는 더 열심히, 열심히, 열심히 일하라고 재촉하고 그들은 잘못된 방향으로 더 빨리, 더 깊게 땅을 판다. 삶의 진행 방향과 생산성을 점검하려면 이제부터 설명할 VVKIK를 기반으로 모든 일을 시작해야 한다.

목표 의식을 명확하게 하고, 자발적으로 적절한 순간에 올바른 일을 하기 위해서는 V(가치), V(비전), K(핵심 결과 영역), I(소득 창출 업무), K(핵심 성과 지표) 전략이 필요하다. 레버리지는 VVKIK를 기반으로 구축된다. 이 전략은 행동에 관한 것이라기보다는 사고방식에 관한 것이다. 삶에 압도될 정도로 바쁘게 살아가고, 가난할수록 일에 더 많은 시간을 소비하는 이유는, 일을 더 많이 해야 더 큰 성과와 돈을 얻을 수 있다고 생각하기 때문이다.

그러나 잘못된 길을 더 빨리 가려는 것은 분명 어리석은 짓이다. 그런데도 대부분의 사람은 영원히 멈추지 않는 쳇바퀴에서 내려오려고 하지 않는다. 이제 레버리지 마인드를 점검하고 당신이 그것을 행하고 있는지 확인해야 한다. 그러면 당신의 행동은 자연스럽게 최대의 성과에 맞춰질 것이다. VVKIK를 기반으로 일할수록 당신은 그 아래에 있는 일을 최소의 노력으로 수행할 수 있고, 매 순간 다음 행동을 직관적으로 리스크를 줄이면서 결정할 수 있게 된다.

가치(Value)

가치는 삶에서 가장 중요하다. 당신의 가치는 오직 당신의 것이다. 지구 상에 당신과 완전히 동일한 가치를 가진 사람은 없다. 당신은 자기 자신으로 존재하기 위해 자신만의 가치를 세운다. 그렇기에 당신은 어느 누구도 따라 할 수 없는 유일의 존재다. 이것은 다른 사람보다 더 훌륭하거나 더 열등하다는 의미가 아니다. 모든 사람은 고유하다. 당신은 유일하기 때문에 당신보다 더 나은 사람은 존재하지 않는다.

문제는 자신이 누구인지 모르고, 자신의 가치를 존중하지 않는 것이다. 자신을 아는 것이 가치를 세우기 위한 첫 번째 단계다. 이제부터 알려줄 연습은 당신에게 통찰력, 명확성, 초점을 제시해줄 것이다. 자신을 더욱 가치 있게 여기고, 자기 파괴적인 감정과 망상을 버릴 수 있도록 돕고, 직관적인 행동과 자발적인 명확성을 가질 수 있도록 생각을 정리해줄 것이다. 이제 삶을 바꾸기 위해, 당신을 산만하게 만드는 모든 일에서 벗어나야 한다. 아래의 순서대로 가치 목록을 작성해보자.

당신의 삶에서 가장 중요하다고 느끼는 일을
종이나 스마트폰에 적는다

건강, 가족, 돈, 자유, 행복, 학습, 성공, 성장, 여행, 외모 등
추상적인 개념을 생각한다

단어가 더 이상 생각나지 않거나 아무런 감정도 느껴지지
않을 때까지 계속 적는다

각 항목을 신중하게 평가한 뒤 삶에서 바꾸고 싶은 것을
기준으로 순서를 재배열한다

이 과정에서 다음 사항을 고려하라.

- 어떤 일에 대부분의 시간을 보내고 있는가?
- 외부적인 압박을 받지 않고 하루 종일 하고 싶은 일은 무엇인가?
- 무엇에 대해 지속적으로 생각하는가?
- 당신의 공간을 무엇으로 채우고 싶은가?
- 당신의 어떤 점이 사람들에게 가장 잘 알려져 있는가?
- 삶에서 결과가 이미 나타난 부분과 나타나지 않은 부분은 무엇인가?

이 과정을 통해 당신은 행동을 지배하는 것들의 목록을 파악할 수 있다. 이 연습을 학생 때 했다고 상상해보라. 삶을 지배하고 조종할 수 있는 설계도를 가지고 있다고 상상해보라. 1년 혹은 6개월마다 이 방법으로 삶을 점검하고, 적용하고, 재조정했다고 상상해보라. 이 연습은 과거에 머물기 위한 것이 아니라 앞으로 나아가기 위한 것이다. 공책이나 스마트폰, 노트북에 항상 목록을 지니고 있어야 한다. 끊임없이 자신에게 상기시켜야 한다.

가장 좋은 방법은 잠자리에 들기 직전과 잠에서 깨어난 직후에 목록을 읽는 것이다. 하루에 두세 번 읽고 기억하는 데는 겨우 2분밖에 걸리지 않는다. 실행한 지 몇 주일 후면 당신의 뇌가 무의식적으로, 직관적으로 기억하게 될 것이다. 그리고 당신이 하는 일과 하지 않는 일 속에서 가치를 반영하기 시작할 것이다.

사람은 상상으로 무의식을 컨트롤할 수 있다. 의식이 없을 때도 무의식은 잠들지 않는다. 상상은 무의식에 지대한 영향을 준다. 우리의 뇌는 실재와 상상을 구별하지 못하기 때문이다. 어떤 일을 성취하는 데 무의식이 도움을 주기를 원한다면 원하는 가치를 감정을 담아 큰 소리로 읽어라. 가상의 가치는 무의식 속에서 실재가 될 것이다. 가치를 실재라고 상상하라. 열정적으로, 자유롭게, 행복하게 그 가치를 살아내고 있다고 상상하라.

미 해군 조종사 잭 샌드Jack Sands 대령에 관한 전설적인 이야기가 있다. 그는 베트남 전쟁 당시 총상을 입고 포로 수용소에서 7년 동안 생활했다. 그 역시 다른 전쟁포로들처럼 완전히 격리된 채, 신체적인 활동이나 사람들과의 접촉을 전혀 하지 못했다. 7년 동안 1.5제곱미터의 감옥에서 감금된 상태로 살았다.

그는 비록 몸은 갇혀 있어도 정신까지 갇혀 있을 필요가 없다는 사실을 깨달았다. 그리고는 머릿속에 완벽한 골프 코스를 그리기 시작했다. 골프장의 경관과 냄새와 스윙을 할 때의 느낌까지 상세하게 이미지로 떠올렸다. 어두운 감옥에서 바닥에 누운 채 머릿속에 18홀을 그리고 잔디와 나무, 골프 웨어를 상상했다. 그런 다음 골프를 치기 시작했다.

그는 그렇게 7년 동안 매일 상상 속에서 골프장에 나가 18홀을 돌았다. 골프장의 바람, 소리, 냄새, 골프채에 공이 맞는 순간의 짜릿함까지 경험했다. 상상 속 골프장에서는 모든 공을 완벽하게 칠 수 있었다. 1.5평방미터의 감옥 안에서 매일 완벽한 골프 라운딩을 즐기는 사치를 누린 것이다.

해군 조종사가 되기 전에 그는 가끔 골프장에 나가 평균 100타 정도를 치는 평범한 골프 애호가였다. 그러나 7년 동안 머릿속으로 골프를 칠 때는 완벽한 프로 골프 선수였다. 놀라운 사실은 포로 수용소에서 석방되어 집으로 돌아왔을 때, 8년 만에 친 첫 라운드에서 74타를 기록한 것이다. 골프 연습은 고사하고 7년간 신체적인 활동을 전혀 할 수 없는 감금 상태로 지냈지만 상상 속 연습만으로 20타를 줄인 것이다. 이 이야기는 상상이 현실에 분명한 영향을 끼친다는 것을 증명한다. 분야를 막론하고 성공한 사람들은 조건이나 상황과 관계없이 승리를 상상한다. 그리고 그 상상이 탁월한 성과를 가져오는 데 지대한 역할을 한다. 상상은 돈도 안 들고 언제 어디서나 실천할 수 있다.

이것은 단지 긍정적 사고의 차원이 아니다. 머릿속에 완전한 한 편의 영화를 만들어내고, 처음부터 끝까지 상세하게 내용을 설정하고, 반복해서 재생하는 것을 의미한다. 단 한 번, 또는 가끔씩 한다고 해서 효과를 보는 것이 아니기 때문에 실재가 될 때까지 매일 시간을 내어 실천해야 한다. 개념상으로는 매우 간단하게 보일지도 모르지만 매일 시간을 내서 실행하는 사람은 많지 않다.

이 이야기와 비슷한 전설은 수없이 많다. 그 이야기를 믿느냐 믿지 않느냐는 당신이 선택할 문제다. 할 수 있다고 생각하건, 할 수 없다고 생각하건 둘 다 틀린 것은 아니다. 그러나 매일 잠자리에 들기 전과 일어난 직후 2분 동안 자신의 가치를 읽으며 상상으로 구현해보라. 상상은 당신에게 기회가 왔을 때 엄청난 힘을 발휘할 것이다.

지금 이 순간에도 당신은 가치 목록에서 가장 상위에 있는 것들에 이끌려 삶의 초점을 맞추고 있다. 목록에서 가장 아래에 있거나 목록에 없는 것들은 회피할 것이다. 만일 목록에 있는 가치가 마음에 들지 않거나, 현재의 삶이 바뀌기를 원한다면 가치를 재조정하는 의식적인 결단을 해야 한다. 가치의 우선순위는 감정의 변화를 일으키는 강력한 사건으로 인해 바뀔 수도 있고, 시간이 지나면서 자연스럽게 바뀔 수도 있고, 또는 변하고자 하는 당신의 의식적인 결단으로 바꿀 수도 있다. 어떤 이유에서든지 가치는 살아가면서 바뀔 것이고, 바꿀 수 있다.

또한 가치는 공백으로부터 나오는 경우가 많다. 우리는 대부분 아직 성취하지 못한 것을 중요하게 여긴다. 자신에게 충분한 돈이 있다고 생각하는 사람에게는 더 이상 돈이 중요하지 않다. 이미 돈이라는 가치의 공백을 채웠기 때문에, 다른 가치가 그 자리를 차지하게 된다. 이러한 예는 가치가 삶을 어떻게 이끌어 가는지를 보여준다. 대부분 피상적인 과제와 전략만을 수행하기 때문에 변화의 표면만 건드리고 깊이 들어가지 못하는 경우가 많다. 그러므로 당신이 느끼는 압도감, 혼란, 좌절감이 심할수록 가치를 더 깊이 들여다보려는 태도가 중요하다.

자신이 삶에서 가장 가치 있다고 생각하는 것과 일치된 삶을 살 때 사람은 자연스럽게 몰입 상태에 빠지게 되고, 시간이 빨리 지나가는 것처럼 느끼고, 성과가 나타나는 것을 목도하게 된다. 반대로 자신의 가치와 일치하지 않는 삶을 살면 부정적 감정에 시달리게 된다. 만약 당신이 부정적인 감정에 시달리고 있다면 자신의 행동이 삶에서 가장 중요한 것과 일치하고 있는지 점검해보라. 그러면 당신이 어떤 것을 포기하고 어떤 것에 더 집중해야 하는지 파악할 수 있다.

비전(Vision)

당신은 원하는 목표에 대한 명확한 그림을 그리고 있는가? 당신은 후세에 어떻게 기억되기를 원하는가? 당신은 이 세상에 어떤 변화를 만들기를 원하는가?

중요한 질문이지만 경쟁 사회를 하루하루 살아가기 바쁜 현대인들은 이 질문에 대답할 시간조차 없다. 그러나 이러한 비전은 가치의 궁극적인 표현이자, 당신이 혼란, 갈림길, 선택, 좌절, 전환점, 과도기에 있을 때 올바른 길로 안내해줄 삶의 로드맵이다.

안타깝게도 진정한 비전을 갖고 있는 사람은 많지 않다. 당신이 목표 의식과 성취감을 느끼지 못한다면 이는 비전이 명확하지 않기 때문이다. 자신이 무엇을 원하는지, 목적지가 어디인지 모른다면 결코 어딘가에 도달할 수 없다. 비전은 삶의 목적이다. 목적을 가진 삶을 산다는 것은 계획적인 삶을 산다는 것과도 같다. 그러나 비전이 없으면 어떤 목표 의식도 가질 수 없다.

수많은 사람이 삶의 의미를 찾기 위해 노력하는 이유가 무엇일까. 어쩌면 자신만의 고유한 목표를 발견하고 실행함으로써 인류에 가치를 더하기 위함일지도 모른다. 명확한 비전을 가진 사람은 성공을 통해 인류 발전에 기여하고 다른 사람에게 영감을 주지만, 비전을 찾지 못한 사람은 공허감을 느끼고, 좌절하고, 때로는 자살을 선택하기도 한다. 명확한 비전은 건강한 정신과 짝을 이루기 때문에 공고한 비전이 있는 사람은 결코 자신의 삶을 스스로 빼앗지 않는다.

영국 NHSNational Health Service(국민 의료 보험)의 조사에 따르면, 자살하는 사람은 대체로 정신 질환이 있고 우울증 환자거나 알코올 중독자라고 한다. 자살은 자신을 무가치한 존재라고 생각하게 만드는 무력감과 관련이 깊다. 희망과 가치 의식, 비전과 목적의식의 부재가 자살의 가장 큰 원인이다. 또한 갑작스러운 목적의식의 상실은 '상심 증후군Broken Heart Syndrome'의 원인이 된다. 상심 증후군은 갑작스러운 불안과 스트레스 때문에 심장이 팽창해서 심한 경우 사망까지 이르게 하는 증후군이다. 아무런 예고도 없이 갑작스럽게 일어나기 때문에 더욱 무서운 증상이라고 한다. 그러나 나는 학교에서 지리학은 배웠지만 비전과 목적의식이 있는 의미 있는 삶을 사는 법은 배우지 못했다. 이것은 나를 굉장히 슬프게 하는 사실이다.

오스트리아의 실존주의 심리학자 빅토르 프랭클Viktor Emil Frankl
은 실존분석적 정신요법인 의미치료Logotherapy라는 학설을 만들어
냈다. 인간의 근본적인 동기는 성性과 공격성이라고 말한 지그문
트 프로이트Sigmund Freud와 달리 프랭클은 인간을 지배하는 원동
력은 인생에서 의미를 찾는 것이라고 주장했다. 프랭클은 프로이
트가 경험하지 못한 것을 경험했다. 그는 나치 수용소에 포로로 잡
혀 수년간 참혹한 현실을 견뎌냈다. 모든 것을 잃어버리는 공포를
느끼고, 온갖 잔혹 행위를 당하면서도 생을 향한 치열한 싸움을 포
기하지 않았던 것은, 그가 삶의 목적을 가지고 있었기 때문이었다.
그는 자신과의 투쟁에서 의미를 발견했고, 그것이 처참한 고통 속
에서도 살아갈 수 있는 힘을 주었다. 수용소를 탈출한 프랭클은 자
신의 경험을 토대로『죽음의 수용소에서』를 출간했다. 삶의 의지
를 잃지 않고 생존한 프랭클의 철학은 독일의 철학자 프리드리히
니체Friedrich Nietzsche의 '살아야 할 이유를 가진 사람은 어떤 어려
움도 견뎌낼 수 있다'는 말로 훌륭하게 요약된다.

이것이 비전의 힘이다. 비전은 상상할 수 없는 비인간적 대우와
고문을 이겨내게 한다. 비전과 목적의식은 도전과 전환, 관계, 위
기를 극복하고 살아갈 수 있는 힘을 부여한다. 우리에게 명확성과
초점을 제공하고 모든 일이 잘될 거라는 희망을 준다. 조금 뜬금없

지만 퀴즈를 내겠다. 다음은 잘 알려진 회사와 개인의 비전이다.

1. 전 세계의 정보를 체계화하고 누구나 접근하여 사용할 수 있게 만드는 것

2. 사람들이 온라인에서 사고 싶은 상품을 찾을 수 있는 장소를 구축하는 것

3. 세상이 움직이는 방식을 바꾸는 것

4. 전 세계의 소아마비를 박멸하는 것

5. 부자가 되는 것

6. 정말 맛있는 케이크를 만드는 것

7. 글로벌 경제의 자유를 누리는 것

정답

❶ 구글Google ❷ 아마존Amazon ❸ 포드Ford ❹ 빌 & 멜린다 게이츠 재단Bill & Melinda Gates Foundation ❺ 워런 버핏Warren Buffett ❻ 미스터 키플링Mr. Kipling
❼ 프로그레시브 프로퍼티Progressive Property

어떤가. 각각 다른 비전이지만 크고 명확하다는 점에서는 같다. 그들의 비전은 원대하다. 비전이 그들 자신보다 크다. 이처럼 가치 있는 삶을 지치지 않고 실행하려면 비전이 원대해야 한다. 비전은 당신에게 방향을 제시하고, 다른 사람들을 이끌 수 있는 리더십을 부여하고, 부정적인 감정을 극복할 수 있는 에너지를 만들어준다. 자신에게 다음과 같은 질문을 던져보고 지금 머릿속에 떠오르는 생각들을 적어보자.

- 당신의 삶은 어떤 목적에 기여하는가?
- 다른 사람에게 기여할 수 있는 당신만의 비전은 무엇인가?
- 그 비전이 당신에게 중요한 이유는 무엇인가?
- 3년, 5년, 10년, 25년, 50년 후에 삶이 어떤 모습이기를 원하는가?
- 사람들에게 어떻게 기억되기를 원하는가?

크고 명확한 비전을 가진 사람은 원하는 것을 직관적, 자발적으로 파악한다. 이것을 '끌어당김의 법칙' 또는 '현현manifestation'이라고 부르기도 한다. 어떻게 부르건 실제로 작용하는 힘이다. 그러니 자신이 정한 비전을 다른 사람과 비교할 필요는 없다. 친구나 가족, 사회가 당신에게 투영한 가치는 신경 쓰지 마라. 오직 자신에 대해서만 생각하라. 될 수 있는 최선의 당신이 돼라.

비전에 대해 깊이 숙고하면 비전과 가치가 연결되어 있다는 사실을 알 수 있다. 당신의 가치가 비전에 어떻게 기여하고 있는지를 알고 싶으면 가치의 우선순위를 명확한 순서로 배열해보면 된다. 예를 들면 돈이 가치 목록에 들어 있지 않은데 부자가 되기를 바라는 것은 모순이다. 하루빨리 당신의 비전과 가치를 일치시키고, 재조정하고, 수정하라.

만약 도움이 필요하거나 당신과 같은 생각을 가진 사람들과 비전을 공유하고 싶다면 내 페이스북에 찾아오라. 태그를 하면 당신이 원할 때 도움을 주거나 피드백을 해주겠다.

핵심 결과 영역 (KRA)

핵심 결과 영역Key Result Area은 비전을 성취하기 위해 초점을 맞춰야 하는 최고 가치 영역이다. 쉽게 말해 당신의 기업, 팀, 개인을 변화시키기 위해 시간의 대부분을 투자해야 하는 몇 가지다. 핵심 결과 영역KRA은 관계를 개발하고, 유지하고, 마인드를 설정하고, 시스템을 개발하고, 재정을 조달하고, 비즈니스 전략을 짜고, 지속적인 자기 계발을 실천하는 레버리지 전략이다.

그러나 많은 사람이 핵심 결과 영역KRA에 집중하지 못한다. 일상에 갇혀 있거나 쫓기기 때문이다. 일상적이고 사소하고 세부적인 일들은 대부분 핵심 결과 영역KRA이 아니다. 만일 당신이 압도감이나 혼란, 좌절감을 느낀다면 다른 사람에게 끌려다니고 있을 확률이 높다. 그것은 당신이 하루 종일 일했지만 실제적으로 아무런 일, 적어도 당신에게 의미 있는 일을 하지 못했다는 증거다.

당신이 최고 가치에 따라 살아가고 있는지를 매일, 매주, 매월, 매년 점검해야 한다. 더불어 다른 사람이 당신에게 부과한 과제,

요청을 견제해야 한다. 그들이 당신을 필요로 하는 이유는 자신의 레버리지를 관철하기 위해서일 뿐이다. 절대 당신을 위해서가 아니다. 물론 그들의 요청이 당신의 가치에 기여하는 일이라면 상관없지만 그렇지 않다면 냉정하게 판단하고 위임하거나 포기해야 한다.

핵심 결과 영역KRA은 삶에 명확성을 제공하고 비전을 향한 최단 거리를 제시한다. 부정적인 감정을 몰아내고 엔도르핀이 흐르게 하며 옳은 길을 가고 있는지 확인할 수 있게 해준다. 더불어 자긍심과 만족감을 느끼게 하고, 더 많은 것을 성취할 수 있게 한다. 만약 당신이 직원을 두고 있다면 그들을 위한 핵심 결과 영역KRA을 만들어야 한다. 직원들이 업무를 싫어하게 되거나 직장을 그만두게 되는 주요한 이유는 다음과 같은 것들이다.

- 인정받지 못한다고 느낀다.
- 명확한 목표를 갖고 있지 않다.
- 변화를 만들지 못한다고 생각한다.
- 상사는 나에 대해 무관심하다.
- 업무에 대한 기대치가 비현실적이다.
- 한 번에 너무 많은 프로젝트를 수행해야 한다.

직원 혹은 조직 구성원은 목표와 직접적으로 연결된 역할을 맡고 싶어 한다. 자신이 해야 할 일이 가치가 있고, 그 가치가 명확히 무엇인지 알고 싶어 한다. 그들에게 높은 가치를 가진 업무, 변화를 만들어내는 일, 우선순위를 두어야 하는 일이 무엇인지 알려줘야 한다. 개인의 커리어와 기업을 위해 가치 있는 역할을 수행하게끔 유도하면 자신이 변화를 만들어낸다고 느끼고, 가치 있는 존재라고 여기며 만족도가 높아질 것이다.

더불어 핵심 결과 영역KRA이 직무 분석표에 명시되어야 한다. 역할을 명확하게 기재하고, 그 역할을 실행하기 위한 목록을 만들어라. 역할을 탁월하게 수행하기 위한 필수 사항이다. 이는 개인과 기업에 최대의 이익과 만족을 줄 수 있는 가이드라인이 된다. 항상 노트를 소지하고 가치와 비전의 바로 아래쪽에 기입하자.

소득 창출 업무(IGT)

소득 창출 업무Income Generating Task는 핵심 결과 영역KRA에 부합하고 기여하는 업무를 의미한다. 최고의 경제적 가치를 레버리지하고, 시간, 분, 초 단위의 수익을 최대화한다. 쉽게 말해 최대의 이익과 최소의 낭비, 적절한 시간을 들여 최대의 소득을 내는 업무다.

점점 증가하는 업무 목록으로 인한 압도감과 혼란은 소득 창출 업무IGT에 초점을 맞추지 않고, 모든 업무에 동일한 중요성을 부여하고, 우선순위를 나누지 않은 것에서 비롯된다. 모든 업무는 동등하지 않다. 앞에서 골프를 빗대어 설명한 것과 같다. 가장 많이 사용하는 골프채로 연습하는 데 우선순위를 부여하는 것이 가장 레버리지 하는 시간 활용이다.

업무도 마찬가지다. 가장 짧은 시간 안에 최대의 수익을 올리기 위해서는 가장 수익률이 높은 일에 초점을 맞춰 소득 창출 업무IGT를 설정해야만 한다. 그래야 당신이 좋아하는 것을 할 시간이 확보된다. 이 책의 후반부에서는 당신의 현재의 소득 창출 가치Income Generating Value가 얼마인지 계산하고, 몇 배로 증가시킬 수 있는 간단한 알고리즘을 배우게 될 것이다.

핵심 성과 지표(KPI)

핵심 성과 지표Key Performance Indicator는 당신의 비즈니스가 순조롭게 진행되도록 실수를 줄여주고 레버리지를 최적화하는 지표다. 비즈니스에서 잘못되고 있는 일을 실시간으로 점검해주는 중요한 기준이 되는 데이터이기 때문에 당신이 성장하고, 통제권을 위임하고, 업무에서 배제되고, 더 전략적이 될수록 핵심 성과 지표KPI의 필요성은 더더욱 중요해진다. 가장 흔하게 저지르는 실수는 긴급하고 실용적인 업무를 처리할 시간을 빼앗는다는 이유로 핵심 성과 지표KPI를 늦게 설정하거나 아예 설정하지 않는 것이다. 이것은 일하느라고 밥을 먹지 않고, 바빠서 공부하지 않는 것과도 같다.

핵심 성과 지표KPI는 핵심 결과 영역KRA과 소득 창출 업무IGT의 운영이 올바른 결과를 내고 있는지 실시간으로 피드백을 제공함으로써 레버리지에 기여한다. 당신은 핵심 성과 지표KPI를 참고하여 핵심 결과 영역KRA과 소득 창출 업무IGT를 테스트하고 조정하거나 변경할 수 있다. 핵심 성과 지표KPI가 없으면 자신이 무엇을 모르는지 모르기 때문에 부적절한 일을 하거나, 잘못된 방향으로 가거나, 열심히 일하고도 아무런 성과를 내지 못하는 경우가 발생한다.

영업부에 영업 지표나 핵심 성과 지표KPI가 없으면, 손실을 가져오는 상품을 판매하면서도 그 사실을 모를 수 있다. 수익을 내지 못하는 일을 더 많이 하는 건 기업이 망하는 지름길이며 심하게 말하면 정신 나간 짓이다. 그러나 대부분의 소기업들이 실시간 핵심 성과 지표KPI 시스템을 운영하지 못하는 상황이다. 그러니 열 개 기업 중 아홉 개 기업이 3년 이내에 망하는 것도 놀라운 일은 아니다.

실패하지 않는 비즈니스를 원한다면 지금 당장 핵심 성과 지표KPI를 구축하라. 비즈니스를 시작할 때 설정했던 목표, 판매 지표,

마케팅 재정 보고서 등 머릿속에 떠오르는 것들을 적어라. 당신의 삶과 기업을 경영하는 사람은 당신 자신이다. 그러므로 직관적으로 가장 중요한 핵심 성과 지표KPI가 무엇인지 알 수 있다. 그래도 잘 모르겠다면 핵심 성과 지표KPI를 구축하는 데 도움이 될 만한 몇 가지 노하우를 알려주겠다.

비즈니스 도서를 읽어라

개인적으로 나는 마크 호머의 『저비용의 삶(Low Cost Life)』, 번 하니쉬의 『규모의 확대(Scaling Up)』, 존 월리로우와 보 버링햄의 『판매하기 위한 제품(Built to Sell)』, 레스 맥케온의 『시너지스트』, 램 차란과 래리 보시디의 『실행에 집중하라』, 짐 콜린스와 모튼 한센의 『위대한 기업의 선택』, 테리 리의 『열 단어의 경영(Management in Ten Words)』, 죠쉬 카우프만의 『퍼스널 MBA』에서 많은 것을 배웠다.

하지만 이 책들은 핵심 성과 지표KPI에 대해 구체적으로 모든 것을 설명하지는 않는다. 그러나 읽은 것을 배우고 실행한다면 훌륭한 기준을 얻을 수 있다.

큰 비즈니스를 운영하는 사람들에게 질문하라

그들은 당신이 겪는 문제를 이미 경험했고 해결한 사람들이다. 그들에게 무엇을 기준으로 비즈니스를 평가했는지 질문하라. 적절한 질문은 적절한 답을 부른다. 그들의 답 속에서 당신의 삶과 비즈니스 문제를 해결할 방안을 탐색하라. 문제가 다시 발생하지 않게 하려면 무엇을 평가하고 측정해야 하는지 알게 될 것이다.

기존 핵심 성과 지표를 분석하라

현재의 지표를 되돌아봄으로써 새로운 아이디어를 얻을 수 있다. 실패한 핵심 성과 지표KPI는 앞으로 필요한 지표를 만들어내기 위한 가장 좋은 재료다. 직원들의 사기 저하, 질병, 결근, 근속 년수, 해고된 직원과 퇴직한 직원의 비율 등은 실패한 핵심 성과 지표KPI와 밀접한 연관성을 가지고 있다.

구성원에게 설문조사를 실시하라

직원과 팀원, 고객에게 비즈니스에서 가장 중요한 부분이 무엇이라고 생각하는지 물어보라. 장애물은 무엇인지, 무엇을 시작하고, 중단하고, 유지해야 하는지 등의 질문을 통해 코앞에 두고도 인식하지 못했던 문제와 해답을 얻을 수 있다.

설문조사 결과에 따라 가치를 세우고 지표를 설정하면 덜 바쁘게 일하는 피드백 회로를 얻을 수 있다. 견고한 핵심 성과 지표KPI 체계는 명확성과 방향성을 제공함으로써 당신에게 가장 가치 있는 일에 집중하도록 도와줄 것이다. 이제 혼잡한 일상의 소음에서 벗어나 당신의 핵심 성과 지표^{KPI}를 살펴보는 시간을 가져라. VVKIK를 기반으로 자신이 사랑하는 삶을 살아야만 변화를 만들고, 즉각적인 성취감을 느낄 수 있다.

돈 되는 사회 공헌

삶에 가치를 부여하는 방법 중 하나는 인류 공동체 발전에 기여하는 것, 즉 '공헌'이다. 이를 레버리지에 적용해보자. 당신은 사회 문제를 해결하여 많은 사람에게 공헌함으로써 자신의 삶에 더 높은 가치를 부여할 수 있다. 빌 게이츠$^{Bill Gates}$의 비전은 '책상 위의 개인용 컴퓨터'가 아니라 '소아마비 박멸'이었다. 인류 전체를 위한 거대하고 장기적인 차원의 비전이다.

그러나 꼭 원대할 필요는 없다. 무엇을 파는 행위도 세상에 기여하는 일이다. 판매는 공정 교환의 원칙에 따라 구매자가 원하는 것을 주는 행위다. 구매하는 행위 역시 생산자와 판매자의 열정과 창의성의 출구를 만들어주는 행위이므로 다른 사람에게 기여하는 일이다. 당신을 위해 일할 사람을 고용하는 것도 일자리를 창출하고 수입을 보장함으로써 그들이 경비를 지불하고 세금을 낼 수 있도록 기여하는 일이다.

축구선수는 공을 빼앗거나 골을 넣음으로써 팀에 기여하고 보수를 받는다. 그러나 보수는 무작위로 정해지는 게 아니다. 팀과 팬에게의 기여도와 비례한다. 승리에 공헌하지 못한 선수는 높은 보수를 받을 수 없다. 팀에 기여하지 못하면 계약이 해지된다. 반대로 기여도가 높으면 다른 팀에서 해당 선수를 스카우트하기 위해 더 높은 계약금과 보수를 지불한다.

축구 선수들의 연봉이 너무 높다고 불평하는 사람들도 있지만 선수들이 일부러 땅바닥에 구르고 심판을 괴롭히면서 돈을 번다고 생각하는 건 엄청난 착각이다. 최고의 선수는 가장 많은 사람을 즐겁게 하고, 열정과 목표, 희망과 즐거움을 준다. 언젠가 그들처럼 최고의 축구 선수가 되기를 희망하도록 격려한다. 그래서 높은 연봉을 받는 것이다. 반대로 선수가 기대에 부합하는 성적을 올리지 못하거나, 이전 구단에서 했던 것만큼 경기를 잘 운영하지 못하면 해고되거나 후보 선수들과 경기를 하게 된다.

축구 선수들의 연봉은 세상의 방식을 분명하게 보여준다. 선수들은 성적이 좋을수록 더 많은 보수와 후원금, 광고비를 받는다. 더불어 수익은 복리 효과로 증가한다. 크리스티아누 호날두 Cristiano Ronaldo의 트윗은 약 3억 원의 가치가 있다고 한다. 이것은 수년간의 노력과 공헌이 복합적으로 작용하여 산출된 결과다. 반면에 골프 황제 타이거 우즈 Tiger Woods의 섹스 스캔들이나, 사이클

영웅 랜스 암스트롱Lance Armstrong의 약물 스캔들처럼 사람들이 그들의 삶에 부여했던 가치를 저버리는 경우, 스폰서는 계약을 취소하고 미디어는 압박을 가하기 시작한다. 다음은 다양한 분야에서 사회 문제를 해결하고 공헌한 사람과 기업의 예다.

> 과학자 빌 페이지Bill Foege는 천연두를 퇴치하기 위한 글로벌 전략으로 1억 3000만 명의 생명을 구했다. 그는 2012년에 대통령 훈장을 받았으며 현재 소아마비 퇴치를 목표로 하고 있다.

> 유통기간이 짧은 우유나 음료를 편리하게 유통할 수 있는 종이 용기를 개발한 테트라팩Tetra Pak의 설립자 루벤 라우징Ruben Rausing의 아들 한스 라우징Hans Rausing은 10조 원이 넘는 자산을 보유하고 있다.

> 3M의 포스트잇Post-it은 매년 500억 매 이상 판매되며 연간 약 10억 달러의 수익을 가져다주는 것으로 추산된다. 포스트잇은 1968년에 강력 접착제를 개발하던 중 우연히 발명되었다.

> 간단한 퍼즐 게임 테트리스Tetris는 1억 4000만 장 이상 팔렸다.

이들은 각각 다른 방식으로 세상에 공헌하고 수익을 만들었다.

당신도 많은 사람의 작은 문제를 해결하거나, 소수의 사람들의 큰 문제를 해결하여 돈을 벌 수 있다. 혹은 작은 문제를 여러 번 해결하거나 자선 활동을 할 수도 있다. 레버리지는 다른 사람의 문제를 해결함으로써 자신이 원하는 것을 얻게 되는 원리이기도 하다. 다른 사람에게 더 많이 공헌할수록 자신은 그보다 더 많은 돈을 버는 것이다.

당신의 가치는 상호 연결된 문제를 해결하여 사회에 기여하는 것으로써 결정된다. 소득 창출 가치^{IGV}와 공헌은 직접적으로 연결되어 있다. 사회의 크고 작은 문제들을 회피하지 말고 그 문제를 공격하여 해결하라. 그러면 당신의 가치는 높아질 것이다. 부를 원한다면 더 많은 사람에게 기여하라. 행복을 원한다면 더 많은 사람을 도와라. 성장과 발전은 도전을 받아들이고 더 많은 사람을 위해 문제를 해결하는 것으로부터 비롯된다.

2장

새로운 부의 공식

LEVERAGE

젊고 게으른 백만장자들

노력을 위임해야 하는 이유

$$\boxed{\text{LEVERAGE}}$$

남들이 당신에게 던지는 벽돌로 탄탄한 기반을 쌓을 수 있어야 성공한다.

– 데이비드 브링클리

1906년 이탈리아의 경제학자 빌프레도 파레토Vilfredo Pareto는 이탈리아 국민의 약 20퍼센트가 부의 80퍼센트를 소유하고 있다는 사실을 발견하고, 부의 불평등한 분배를 나타내는 80/20 법칙을 만들어냈다. 이를 미국의 경영 컨설턴트 조셉 주란Joseph M. Juran이 '파레토의 법칙'이라고 명명했다.

파레토의 법칙은 삶에서 일어나는 대부분의 일이 균등하게 분배되지 않는다는 것을 의미하며 상대적 분배의 가이드라인으로 인정받고 있다. 이 법칙은 레버리지 철학과 깊은 연관이 있다. 다음은 80/20 법칙이 적용되는 사례들이다.

고객의 20퍼센트가 수익의 80퍼센트를 창출한다.

고객 불만의 80퍼센트가 고객의 20퍼센트에서 발생한다.

가치의 80퍼센트가 노력의 20퍼센트에 의해 달성된다.

버그의 20퍼센트가 고장의 80퍼센트의 원인이 된다.

부의 80퍼센트를 20퍼센트의 사람들이 소유하고 있다.

노동자들의 20퍼센트가 노동의 80퍼센트를 생산한다.

경영 컨설턴트이자 『80/20 법칙』의 저자인 리처드 코치Richard Koch는 "80/20 법칙은 효율적인 사람과 조직의 가장 큰 비밀 중 하나"라고 말했다. 그는 파레토 법칙을 현대에 적용하여, 과도하게 일하는 비생산적인 방식을 배제하고, 더 적은 것으로 더 많은 것을 창조하는 방법을 연구했다. 그는 소수의 인풋이 다수의 아웃풋을 낳기 때문에 결과의 80퍼센트를 생산하는 20퍼센트에 초점을 맞춰야 한다고 주장했다. 그 외의 것은 최소화하거나 위임하거나 제거해야 한다는 것이다.

파레토의 법칙에 의하면 소득 창출 가치IGV의 80퍼센트는 하는 일의 20퍼센트에서 나온다. 반대로 하면 소득 창출 가치IGV의 20퍼센트가 한 일의 80퍼센트에서 나온다는 말이다. 이것은 일하는 총 시간의 20퍼센트 동안 소득 창출 가치IGV의 네 배를 벌 수 있다는 뜻인데, 그렇다면 일하는 시간의 80퍼센트를 줄여도 20퍼센트만 손해 볼 수도 있다는 뜻이다. 결과적으로 20퍼센트의 시간만 최대한 효율적으로 사용하고, 남은 시간에는 소득 창출 가치^{IGV}가 높은 일을 찾아내는 것이 더 전략적인 것이다. 이처럼 성과의 80퍼센트는 당신에게 주어진 시간의 20퍼센트를 사용해서 얻을 수 있다. 당신이 전체 수입의 20퍼센트를 버는 데 전체 시간의 80피센트를 사용하고 있다고 생각해보라. 경제적 이익은 고사하고 삶의 의지마저 고갈될 것이다.

반대로 80퍼센트의 시간 동안 소득 창출 가치^{IGV}가 높은 일을 한다고 상상해보라. 이 법칙은 놀라울 정도로 우리 삶의 모든 영역에 적용 가능하다. 나는 더 효율적으로 생각하고, 결정하고, 행동하기 위해 80/20 법칙을 기반으로 한 몇 가지 원칙을 따르고 있다.

> 20퍼센트의 이익을 위해 돈의 80퍼센트를 낭비하지 마라.
> 20퍼센트의 즐거움을 위해 시간의 80퍼센트를 낭비하지 마라.
> 20퍼센트의 완성을 위해 비효율적인 80퍼센트의 작업을 수행하지 마라.
> 할 일 목록 중에서 80퍼센트를 삭제하라.
> 80퍼센트의 시간 동안 중요한 20퍼센트의 일을 하라.
> 시간을 빼앗는 이메일의 80퍼센트를 삭제하거나 위임하거나 버려라.

80/20 법칙은 당신이 하는 모든 일에 적용된다. 20퍼센트의 시

간만을 사용하여 최대의 결과를 얻도록 시간을 현명하게 투자하라. 냉철한 마음가짐으로 시간을 낭비하는 낮은 가치의 일을 버리고, 최대 효율을 내는 레버리지에 초점을 맞춰야 한다.

복리의 법칙

돈은 돈을 끌어들인다. 알버트 아인슈타인Albert Einstein은 복리의 법칙The Law of Compounding을 세계 8대 불가사의라고 불렀다. 골프를 치면서 약간의 돈 내기를 하는 경우를 생각해보자.

첫 홀에 1,000원을 걸고 그다음 홀마다 거는 돈을 두 배씩 늘린다고 하면, 언뜻 보기에는 별로 큰 금액이 걸린 판이 아닌 것처럼 보인다. 그러나 각 홀마다 돈이 두 배로 늘어나면 9홀에서는 25만 6000원이 된다. 사실 이건 아무것도 아니다. 15홀을 돌면 1638만 4000원이 된다. 복리 효과로 인해 적은 돈이 엄청나게 큰돈으로 늘어난다. 18홀을 돌면 내기 금액은 1억 3107만 2000원이 된다. 기업의 매출도 같은 방식으로 작동한다. 브랜드 평판이나 지식의 습득도 같은 방식으로 작동한다. 그리고 가장 중요한 것은 뒤에 숨어서 모든 것을 조종하는 시간 역시 같은 방식으로 작동한다는 것이다.

연못에 떠 있는 수련도 마치 복리의 법칙을 따르는 것처럼 보인다. 수련은 매일매일 전날 덮었던 수면의 두 배의 면적을 덮는다. 처음 며칠 동안은 별로 큰 면적을 차지하지 않는 것처럼 보이지만, 30일 후에는 연못이나 호수의 수면 전체를 덮는다. 29일째 되는 날 수면의 절반을 덮었다면, 절반을 덮는 데 전체 시간의 29/30가 걸리고, 나머지 절반을 덮는 데 전체 시간의 1/30이 걸리는 것이다. 1/4을 덮는 데는 전체 시간의 28/30이 걸리고, 1/8을 덮는 데는 전체 시간의 27/30이 걸린다. 이 개념은 우리에게 중요한 통찰을 준다. 이 법칙을 이해하고, 따르고, 지키면 엄청난 가속도의 레버리지 효과를 얻을 수 있다. 이처럼 복리의 법칙은 당신이 어떤 일을 더 오래 할수록, 즉 끝에 더 가까이 다가갈수록 최대의 이익과 가속도를 얻을 수 있다는 것을 의미한다.

복리의 법칙으로 최대의 레버리지를 얻으려면 가능한 한 장기적인 관점을 가져야 한다. 시간 단위로 생각하는 사람들은 시간당 임금을 받고 그 돈을 소비한다. 일 단위로 생각하는 사람들은 주 단위로 생각하는 관리자에게 고용되어 그가 부여한 역할을 수행한다. 월 단위로 생각하는 관리자들은 최고경영자들이 기획한 연 단위 계획을 수행한다. 최고경영자들은 기업주가 3, 4년 이후를 생각하며 만들어낸 비전을 수행한다. 기업주들은 수십 년 앞을 내다보는 선견지명이 있는 사회적 리더들에게 영감을 받고, 사회적 리더들은 다음 시대를 내다보는 현자들에게서 영감을 받는다. 이처럼 비전의 규모와 범위는 시간을 조망하는 시선과 비례한다.

1961년 5월 25일 케네디John F. Kennedy 대통령은 국회 특별 합동 회의에서 10년 내에 미국인을 달에 안전하게 착륙시키겠다는 획기적이고 야심 찬 목표를 발표했다. 그리고 1969년 7월 20일 20시 18분, 닐 암스트롱Neil Armstrong과 버즈 올드린Buzz Aldrin은 케네디 대통령이 10년 전에 세운 계획을 실현했다. 최종적으로 이뤄낸 것은 두 우주 비행사였지만, 계획을 궤도에 올린 것은 케네디의 비전과 장기적인 시각이었다.

미켈란젤로Michelangelo는 시스티나 성당Cappella Sistina의 천장에 그림을 완성하기까지 4년이 걸렸다. 세밀 화가 피터 리치스Peter Riches가 인형의 집을 완성하는 데는 15년이 걸렸다. 열 개의 작은 방, 응접실, 그랜드 피아노가 있는 음악실, 당구대가 있는 게임 룸, 한 권씩 따로 만든 1,000권의 책이 꽂혀 있는 도서관으로 구성된 인형의 집은 약 7,500만 원에 팔렸다. 이집트 카이로에 있는 기자 피라미드Giza Pyramid는 짓는 데 20년이 걸렸을 것으로 추정된다. 베르사유 궁전Chateau de Versailles은 50년에 걸쳐서 완성되었다. 이처럼 장기적인 관점, 장기적인 전망은 더 짧은 시간에 더 많은 것을 성취하는 데 있어서 필수적인 요소다.

당신이 나중에 열심히 일하지 않기 위해 지금 열심히 일해야 한다면, 시간과 성과는 반비례할 것이다. 당신은 처음에 가장 낮은 성과를 얻기 위해 가장 열심히 일해야 한다. 이것은 공정해 보이지 않는다. 그러나 시간은 원래 공정하지 않다. 성과와 비례하지도 않는다. 그러나 마지막에 당신은 가장 적게 일하고 가장 높은 수준의 일을 수행하게 되고, 성과는 복리 효과로 증가할 것이다. 그러나 이것 역시 공정해 보이지 않는다.

변덕스럽고, 새로운 것을 좇고, 비현실적으로 빨리 부자가 되기를 원하는 것은 복리의 법칙과 반대되는 사고방식이다. 처음에 가장 많은 일을 하면서 가장 적은 성과를 얻는 일은 거부하고, 가장 적게 일하고 가장 큰 성과를 얻는 일만 찾아다니는 것은 어리석은 태도다. 그런 사람들은 복리 효과가 빨리 나타날 것 같은 일을 따라간다. 그들은 어떤 일을 뿌리를 내리기도 전에 포기한다. 포기하고 다시 시작하고, 포기하고 또다시 시작하는 과정을 반복한다. 이렇게 되면 복리 효과로 불어나는 것은 고통과 불행, 낮은 자존감뿐이다. 그들은 일이 잘못되면 남을 탓하고, 불평하고, 좌절할 것이다. 이것은 레버리지가 아니다. 시작했다가 중단한 일을 충분히 더 지속했더라면 최선은 아니라도 좋은 결과를 냈을 것이다. 평균적인 수준에서 장기적으로 한 일은, 단기적으로 잘하다가 포기한 일보다 좋은 결과를 가져온다.

세금의 배신

기업가는 모든 돈을 선불로 받는다. 고객에게 비용을 청구하고, 부가가치세가 더해진 현금을 받는다. 정부에 세금을 내기 전 몇 달 동안 그 돈을 소유한다. 그 돈으로 약간의 이자를 얻을 수도 있다. 기업가는 구매하는 모든 사업 물품에 대해 부가가치세의 환급을 요구할 수 있다. 사람들이 대체로 알고 있는 것보다 상쇄할 수 있는 비즈니스 경비는 더 많다. 실제로 국세청 홈페이지에 게시되어 있다. 기업가가 내야 하는 법인세는 소득을 세분화한 뒤 일정 기간이 지난 후에 지불된다. 그리고 회사를 유한 회사로 등록하면 배당금을 챙기고 급여를 낮출 수 있다. 유한책임 조합을 설립하면 예금에 대해 개인소득세만 내면 되고 그중 많은 액수는 차감받을 수 있다.

그러나 노동자의 경우는 다르다. 월급을 받기 전에 개인소득세, 보험료, 대출 이자가 먼저 빠져나간다. 부동산 취득세, 주민세, 기름값, 식료품, 주류 및 담배, 의류, 전기, 외식 비용의 일부를 세금으로 지불한다. 실제 급여는 급여 명세서에 적혀 있을 뿐이다. 급여의 상당 금액은 세금으로 지출된다. 감면받을 기회도 많지 않다. 또한 자동차, 집, 가구, 애완동물을 비롯한 많은 것에 보험을 들어야 한다. 보험에도 세금이 붙는다. 돈을 벌면 양도 소득에 대한 세금을 내야 한다. 도대체 월급에서 세금으로 지출되는 금액은 몇 퍼센트일까.

게으른 백만장자

파레토의 법칙과 복리의 법칙을 안다면 많은 사람이 하던 일을 포기하거나 바꾸는 것을 더 조심스럽게 생각할 것이다. 지속적으로 일할 것인지, 아니면 더 빠르고, 더 쉽고, 더 좋아 보이는 남의 집 푸른 잔디를 부러워할 것인지 신중하게 저울질할 것이다.

대부분의 사람, 특히 성공하지 못하는 사람은 스스로에게 복리 효과를 얻을 기회를 제공하지 않는다. 그들은 보상을 얻기 직전에 포기하고 방향을 바꾼다. 생각해보라. 씨앗을 심은 다음 날에 '내 나무가 어디 있지?'라고 소리치는 사람은 없다. 과일을 얻으려면 먼저 나무가 뿌리를 내려야 한다. 눈에 보이지 않는 것이 드러나기를 원한다면 눈에 보이지 않는 것을 볼 수 있어야 한다.

이 법칙은 당신의 브랜드와 평판, 명성에도 동일하게 작용한다. 당신이 비즈니스나 기업을 시작할 때는 아무도 당신을 알지 못한다. 누구도 당신에게서 무언가를 구매할 수 있다는 사실을 모른다. 당신은 천천히, 한 번에 한 명씩 고객을 얻는다. 빨리 성장할 수 있는 시스템이나 규모를 갖고 있지 않기 때문이다. 아직은 시험 단계에 있기 때문에 최상의 능력을 발휘하지 못한다. 마치 어둠 속을 더듬는 것처럼 답답함을 느낄지도 모른다. 한 번도 그곳에 가본 적이 없는 당신은, 앞에 무엇이 놓여 있는지 모르기 때문에 실수를 통해 배우면서 힘든 길을 가야 한다. 고객이 다른 사람에게 당신을 소개하기 전까지 그 길을 혼자 빠져나와야 한다.

이처럼 좋은 평판이 퍼져나갈 수 있는 네트워크가 만들어질 때까지는 많은 시간이 걸린다. 그러나 많은 사람이 다시 시작하고 싶다며 목적지의 4/5에 해당하는 지점에서 모든 것을 원점으로 재설정해버린다. 인간은 선택과 행동의 결과를 실시간으로 측정할 수 없다. 만약 당신에게 삶의 진행 과정을 보여주는 지표나 수명 측정기가 있다고 생각해보라. 행동의 결과, 복리 효과에 따른 지표의 상승과 하락을 볼 수 있다면 어떨까. 실제로는 별로 가시적인 성과가 없던 시점일지라도 지표가 목적지의 4/5 지점을 가리키고 있다면, 당신은 절대로 그 일을 포기하지 않을 것이다.

타이거 우즈Tiger Woods가 열여덟 살에 메이저 리그에서 우승하지 못했다고 해서 골프를 포기했다면 어떻게 됐을까. 수많은 리그 우승과 명예의 전당 입성으로 가는 16년의 시간을 원점으로 재설정하는 결과를 가져왔을 것이다. 최고의 골프 코치는 작은 스윙 하나를 바꾸는 것에도 비용이 들어간다는 것을 알기 때문에 매우 신중하게 변화를 시도한다. 토머스 에디슨Thomas Edison이 전구를 발명하기 위한 실험을 중간에 포기했다고 상상해보라. 많은 사람이 '최대의 일과 최소의 결과'가 '최소의 일과 최대의 결과'로 반전되는 효과가 나타나기 직전에 포기해버리기 때문에 위대한 성취의 기회를 눈앞에서 놓쳐버린다.

이것은 당신이 열심히 일해야만 한다는 의미가 아니다. 그것은 레버리지 방식이 아니다. 복리 효과 때문에 어떤 일을 더 오래 할수록 실제로 일을 덜 하게 된다는 것을 의미한다. 내가 부동산 비즈니스를 시작하고, 모든 부채를 상환하고, 개인 자산이 수십억이 되기까지 약 4년이 걸렸다. 그다음 해에 15억 원 이상의 수익을 올렸다. 처음 15억 원을 벌기까지 걸린 시간의 1/4도 안 되는 시간이 걸렸다. 그리고 그 시간은 내가 그때까지 살아온 시간 중에서 가장 '게을렀던' 시간이었다. 가장 적은 양의 일을 하고 최대의 소득을 올린 것이다. 백만장자인 친구들은 그것이 정상적이고 당연한 것이라고 말했다.

우리는 즉각적인 만족을 추구하는 세상에 살고 있다. 유튜브 동영상이 천만 건의 조회 수를 기록하는 것을 보면 나 역시 유명인사가 되고 싶은 유혹을 느낀다. 지름길로 가고 싶은 욕망이 들끓는다. 그러나 이런 비현실적인 판타지에 미혹되는 것은 명확한 비전을 갖고 있지 않기 때문이다. 사람은 쉽고 편안해 보이는 일에 마음을 빼앗기기 쉽다.

장기적인 관점으로 보면 모든 일은 뿌리를 내릴 때까지 어느 정도 시간을 투자해야 한다. 그러나 싹이 나올 때까지 기다리지 못하고 다시 씨를 뿌리고, 비료를 주는 과정을 반복하는 사람이 많다. 이런 과정이 되풀이될수록 복리 효과를 통해 성공할 수 있는 자신의 능력에 대한 자신감을 잃어버리고 의심하게 된다.

하룻밤 사이에 성공을 이룬 것처럼 보이는 사람들은 최대의 복리 효과를 위해 뿌리가 깊이 자리 잡을 때까지 시간을 투자한 사람들이다. 워런 버핏Warren Buffett의 말은 복리 효과를 완벽하게 요약한다. 그에게 어떻게 부자가 되었는지 묻자 이렇게 답했다고 한다.

"최고의 기회가 있는 미국에서 살았고, 좋은 유전자를 물려받아서 오래 살았고, 이자를 복리로 늘렸기 때문이다."

부자는 더 부자가 되고 가난한 사람은 더 가난해지는 이유에 대한 많은 이야기를 들었을 것이다. 부는 부를 끌어들이고 가난은 가난을 끌어들이고 정신력은 정신력을 끌어들인다. 복리 효과는 증가뿐 아니라 감소에도 적용된다. 돈은 돈을 부르고 빚은 빚을 부른다. 그렇기 때문에 이미 가지고 있는 것을 관리하는 방법을 배우기 전에는 성공하기 어렵다.

변화에는 엄청난 비용이 든다. 인내하고, 배우고, 가장 중요한 것을 지켜라. 복리 효과가 당신을 위해 일하게 해야 한다. '최대의 일과 최소의 결과'는 당신이 그 일에 더 오래 머무를수록 '최소의 일과 최대의 결과'로 역전될 수 있다. 최대한 빨리 역전되게 하는 것이 레버리지다.

시간과 지식, 그리고 파트너십

당신의 목표는 시간을 '보존'함으로써 시간을 '획득'하는 것이다. 시간은 당신이 태어나는 날부터 움직이기 시작하는 카운트다운이다. 많이 투자하고 적게 낭비할수록 더 많은 시간을 보존하여 남은 시간 동안 사랑하는 일을, 사랑하는 사람과, 좋아하는 시간에 할 수 있다.

시간에 대한 개개인의 인식은 시간을 통제하고 레버리지 하는 능력의 차이를 만든다. 당신은 시간을 어떤 대가를 치르더라도 보존해야 할 가장 귀중한 상품이라고 생각하는가? 삶의 기회를 극대화하는 선물이자 목적이라고 생각하는가? 시간을 증가시키고 레버리지 하기 위해 노력하는가? 아니면 같은 시간을 반복하면서 그 속에 갇혀 있는가? 감사하는 마음으로 현재를 살면서 매 순간을 음미하고 즐기는가? 아니면 끊임없이 후회와 죄의식을 느끼며 과거를 돌아보고, 두려움과 질투심을 느끼며 미래를 내다보는가?

다시 말하지만 당신의 목표는 시간을 보존함으로써 시간을 획득하는 것이다. 더 많은 시간을 투자하고 더 적은 시간을 낭비할수록, 그리고 더 많은 시간을 보존하고 더 적은 시간을 소비할수록 사랑하는 사람과, 원하는 시간에, 좋아하는 일을 할 수 있게 될 것이다.

지식

———

'워런 버핏의 팁'을 검색하면 첫 번째로 타임지의 기사가 뜬다. 이 기사에서 가장 중요한 메시지는 '자신에게 최대한 많이 투자하라. 당신은 당신의 가장 큰 자산이다'라는 문장이다.

당신은 워런 버핏이 주식 투자에 관한 조언을 할 거라고 예상했을지도 모른다. 그러나 세계 최고 부자 중 한 명인 워런 버핏은 자신에게 투자하는 것이 가장 중요하다고 말했다. 배우 윌 스미스Will Smith는 성공의 비결을 '달리기와 독서'라고 말했다. 그는 독서에 대해 이렇게 말한다.

우리 모두를 앞서서 살았던 수많은 사람이 있다.

부모, 학교, 당신을 괴롭히는 사람들로부터 겪는 모든 문제는

전혀 새로운 것이 아니다. 누군가가 이미 겪었던 문제들이다.

책에 쓰여 있지 않은 문제는 없다.

『부자들의 습관(Rich Habits)』의 저자인 톰 콜리Tom Corley의 연구에 따르면, 부자들의 일상적인 성공 습관은 다음과 같다고 한다.

부자들은 자신을 계발하는 방법에 관한 책을 열심히 읽는다.

그들은 자기계발서, 전기, 성공한 사람들에 관한 책을 읽는다.

시간이 지날수록 가치가 떨어지는 자동차나, 한순간 스트레스는 풀어주지만 카드 청구서가 날아오면 고통이 몇 배로 증가하는 상품에 돈을 소비하는 것은 어리석은 행동이다. 3년 이내에 가치의 90퍼센트가 감소하는 전자 기기와 잔존 가치가 없고 큰 비용이 들어가는 중독성 약물을 구매하는 데는 돈을 쓰면서, 지식을 쌓고, 리스크를 줄이고, 자신의 가치를 높이는 것에 투자하지 않는 건 더욱 어리석은 행동이다. 당신은 다음의 방법으로 자신에게 투자할 수 있다.

- 책을 읽거나 오디오 프로그램을 듣는다.
- 강좌나 워크숍, 세미나에 참석한다.
- 코치나 멘토를 활용한다.
- 현명한 사람들과 네트워크를 만든다.
- 전기나 다큐멘터리를 본다.
- 지적이고 사실에 입각한 책을 읽는다.
- 전문가들의 블로그, 웹사이트, SNS를 방문한다.
- 전문가들의 회의에 참석해서 질문하고 그들의 대답을 경청한다.

산업 시대에는 육체노동으로 가치를 창조했다. 그러나 노동과 가치의 교환 방식은 노동자에게 매우 불리했다. 수십 년 동안 힘들게 일하여 시간을 희생해도, 삶의 통제력이나 안정을 확보하지 못한 채 초라하게 은퇴할 수밖에 없었다.

이제는 다르다. 모든 것이 진화했다. 육체노동으로 이루어지던 많은 일이 기계, 드론, 자동화 시스템에 의해 이루어지고 있다. 공장 라인은 기계화되었다. 육체노동의 가치는 현저히 감소하고 지식 노동자들의 가치가 증가했다. 지식 노동자들의 주된 자본은 지식이다. 육체노동자들보다 더 많은 돈과 자유를 얻는 그들은 자신의 일을 독립적으로 통제한다. 높은 급여를 받기 때문에 흔히 '골드 칼라(지적 직종이나 정보 관리, 처리 등에 종사하는 노동자)'라고 불린다.

이처럼 더 많이 배울수록 더 많은 돈을 번다는 법칙은 실제로 적용되고 있다. 레버리지의 시각으로 보면 어떤 분야에서 정상에 도달하여 파격적인 수준의 대우와 자유를 얻기 위해서는 시간을 투자해 지식을 쌓아야만 한다는 결론이 나온다.

나의 사랑하는 아내 제마가 첫 아이를 임신했을 때, 나는 아이를 훌륭하게 키우는 방법에 대해 오랫동안 고민했다. 처음 아버지가 된 나는 내가 알고 있는 가장 훌륭한 아버지들과 자녀 교육에 관한 최고의 권위자들을 연구했다. 주변 사람들은 부모는 배운다고 되는 것이 아니며, 미리 준비할 수 있는 것이 아니라고 했다. 그러나 나는 그것이 터무니없는 주장이라고 생각한다. 누구나 자녀 교육에 대한 개인적인 철학을 가지고 있을 것이고, 그 일이 쉽지 않다는 것을 알고 있을 것이다. 그러나 세상에는 아이를 훌륭하게 키워낸 사람과 자녀들의 행동을 오랫동안 관찰하고 연구한 사람이 많다. 그들로부터 충분히 배울 수 있다. 세상에 배우지 못할 것은 없다. 어떤 분야든 지식에 투자하라. 레버리지를 만드는 가장 확실한 연료는 지식이다. 성장과 발전은 지식에서 비롯된다. 당신이 되고 싶은 사람이 되기 위해 필요한 모든 것은 지식에서 나온다. 당신은 단지 그 지식을 배우기만 하면 된다. 당신은 최고의 자산이다. 자신에게 가장 높은 이자를 지불하라. 자신에게 현명하게 투자하라.

파트너십

레버리지의 핵심 중 하나는 다른 사람들의 기술을 활용하는 것이다. 학창 시절을 생각해보라. 선생님들은 당연히 자신이 가르치는 과목을 당신보다 더 잘 이해한다. 부모님들은 당신을 어떻게든 학교에 보낸다. 자녀의 시간을 선생님에게 맡기는 것이 좋은 교육이라는 데 동의하기 때문이다.

당신은 운전을 배울 때 자격증을 소지한 강사에게 교습을 받았을 것이다. 자랑스럽게 50미터를 헤엄칠 수 있도록 수영을 가르쳐 준 사람은 숙련된 수영 강사였을 것이다. 몸이 아플 땐 흰 가운을 입은 의사를 신뢰할 것이다. 그런데 왜 비즈니스를 할 때는 동일한 믿음을 갖지 않는 것일까? 왜 대부분의 사람이 '스스로 해결self-help'하려는 것일까? 대체 왜 이상적인 삶을 살아갈 수 있도록 도와주는 코치, 트레이너, 멘토를 찾지 않는 것일까?

중요한 일을 할 때 안내와 도움이 없으면 어둠 속에서 길을 더듬어 찾다가 실수를 저지르게 된다. 부자들과 성공하는 사람들은 지속적으로 코치, 멘토, 네트워크에 많은 투자를 한다. 구글에서 '빌 게이츠의 팁'을 검색하면 '부자가 되는 것에 관한 열 가지 팁'이 나오는 데 그중 하나가 '파트너십을 맺어라'다. 다음은 그 글의 일부를 발췌한 것이다.

빌 게이츠는 최고의 자리에 있는 사람들, 자신을 들러리로 만드는 사람들과 파트너십을 맺는 것을 매우 좋아했다. 그는 그것을 굉장히 행복하게 여겼다. 그에게 기회를 열어주고, 새로운 것을 가르쳐줄 수 있는 사람들로부터 배울 수 있는 가능성 때문이다.

빌 게이츠는 세계 최고의 부자다. 하버드를 중퇴한 그는 자신의 성공을 멘토인 워런 버핏의 덕으로 돌린다. CBC와의 인터뷰에서 빌 게이츠는 워런 버핏이 자신에게 힘든 상황을 극복하는 방법과 장기적인 관점으로 생각하는 법을 가르쳐주었다고 말했다. 더불어 복잡한 것을 쉽고 간단한 형태로 만들어서 가르치고, 자신이 경험한 것을 활용할 수 있게 하려는 버핏의 열정을 매우 존경한다고 말했다.

멘토들의 연결 고리는 정상에서도 멈추지 않는다. 이것이 바로 그들이 정상에 도달한 이유이자 방법이다. 워런 버핏의 우상은 『현명한 투자자』를 쓴 벤자민 그레이엄Benjamin Graham이다. 이 책은 그의 투자 철학뿐 아니라 삶 전반을 변화시켰다. 버핏은 그레이엄이 교수로 재직하는 컬럼비아 비즈니스 스쿨로 무작정 찾아갔다. 그곳에서 그레이엄을 만났고 그레이엄은 버핏을 자신의 회사에 채용했다. 이 관계가 오늘날 버핏을 억만장자로 만드는 데 지대한 영향을 끼쳤다.

성공한 투자가 중 한 명인 조지 소로스George Soros도 비슷한 방법으로 멘토를 찾았다. 그는 오류가능주의Fallibilism를 열렬히 추종했다. 오류가능주의는 누군가가 믿는 모든 것이 실제로는 틀릴 수 있다는 의문을 가지는 철학적 개념이다. 사람은 외부의 도움 없이 성장하고 배울 수 없다는 게 오류가능주의의 전제다. 그러므로 각 분야에서 많은 경험을 가진 외부 멘토가 필요한 것이다. 소로스는 철학자이자 런던 대학교 교수인 칼 포퍼Karl Popper를 통해 오류가능주의 개념을 알게 됐다. 소로스는 포퍼의 『열린 사회와 그 적들』을 읽고 깊게 감명받은 후 포퍼 밑에서 공부하기로 결심했다고 한다.

마크 저커버그Mark Zuckerberg는 미국의 토크쇼 진행자 찰리 로즈Charlie Rose와의 인터뷰에서 자신의 멘토 스티브 잡스에 대해 "그는 훌륭했다. 나는 그에게 질문할 것이 많았다"라고 답했다. 그는 잡스가 높은 품질의 상품을 만드는 팀을 구축하는 방법에 대해 조언해주었다고 밝혔다.

엄청난 인기의 TV쇼 '아메리칸 아이돌American Idol'의 프로듀서 사이먼 코웰Simon Cowell은 삶에 좌절을 느꼈을 때 영국의 억만장자 기업가인 필립 그린Phillip Green에게 도움을 받았다. 《가디언The Guardian》지와의 인터뷰에서 그는 필립 그린에 대해 이렇게 말했다. "그는 믿을 수 없을 정도로 호의적이고 친절했다. 내가 언제든지 의지할 수 있는 사람이다. 그는 내가 모든 일을 정면으로 대결해서 해결책을 찾을 수 있도록 도와줬다.”

다국적 기업 버진 그룹 Virgin Group의 회장 리처드 브랜슨 Richard Branson은 이렇게 말했다.

'처음에는 도움의 손길을 찾는 것이 좋은 방법이다. 나는 프레디 레이커 경 Sir Freddie Laker의 멘토십이 없었다면 항공업계에서 성공할 수 없었을 것이다.'

브랜슨은 훌륭한 멘토를 발견하기 원한다면 먼저 '멘토로부터 무언가를 얻을 수 있다는 사실을 인정하라'고 말한다. 이는 진지하게 받아들여야 할 중요한 조언이다.

멘토, 코치 등 숙련된 사람들의 확장된 네트워크를 활용하는 것은 논리적이고 현명한 결정이다. 그런데 왜 많은 사람이 이렇게 중요한 것에 투자하지 않는 걸까. 왜 그들은 이것을 투자가 아닌 비용이라고 생각하는 걸까. 여기에는 이유가 몇 가지 있다.

무지

그들은 자신이 무엇을 모르고 있는지 모른다. 멘토가 무엇인지, 얼마나 큰 도움을 주는지 모른다. 나는 이 책이 멘토의 가치를 알리고 증명해줄 수 있기를 바랄 뿐이다.

비용

'멘토를 고용하는 건 비싸다', '멘토가 그만한 보상을 준다고 생각지 않는다'라고 말하는 사람이 많다. 하지만 생각해보라. 무료 멘토링은 아무런 가치가 없다. 오히려 비용이 싸다면 더 의심해야 한다. 지불한 만큼 얻을 수 있다. 비용이 아닌 투자라고 생각해야 한다. 세계에서 가장 부유하고 성공한 사람 대부분이 성공의 비결로 멘토를 꼽는다는 것을 기억하라.

두려움

'나는 잘 안 될 거야'라고 생각한다면 정말 멘토가 필요하다. 물론 일이 잘 안 풀리는 것은 좋지 않은 상황이지만, 그 경험을 통해 배우고 성장할 것이다. 미래는 아무도 알 수 없다.

시기심

당신은 다른 사람의 성공에 대해 의식적으로나 무의식적으로 질투심을 느낀다. 그들에게는 그 일이 더 쉬웠고, 더 좋은 교육을 받았고, 더 많은 돈을 가졌고, 부모로부터 많은 것을 물려받았다고 생각할 것이다. 지금도 당신의 자아는 자존심을 지키기 위해 치열한 싸움을 벌이고 있다.

성공한 것처럼 보이는 사람들은 모두 당신의 자아에 도전한다.

다른 사람의 성공은 그들의 성공을 인정하기 싫고, 비난하고 싶은 자아에게는 가혹한 진실이다. 그러나 시기심은 성공을 가로막는 최대의 걸림돌이다. 비전으로 다가가는 발전과 성장을 가로막는다.

기만

'나는 도움이 필요 없어. 나는 혼자서 할 수 있어. 아무도 내게 나를 경영하는 법을 가르쳐줄 수 없어'라고 생각할 수 있다. 그러나 이는 기만이다. 사람은 실수를 하고 그 실수로부터 배운다.

코치, 트레이너, 멘토를 갖는 것이 당신의 핵심 결과 영역KRA 중 하나가 되어야 한다. 수십 년의 경험을 가진 전문가들과 폭넓은 네트워크를 형성하는 것은 당신의 비전을 성취하는 시간과 노력을 단축하는 레버리지다. 그들의 시간, 전문 지식, 투자된 노력을 레버리지 하면 훨씬 짧은 시간 안에 그들과 근접한 성과를 얻을 수 있다. 멘토와 코치는 당신의 시간을 보존하고 더 짧은 시간에 더 많은 일을 처리하는 기술을 극대화한다.

이처럼 다른 사람의 지식과 기술, 특히 당신의 분야에서 더 많은 경험을 가진 사람의 지식과 기술을 레버리지 하는 것은, 혼자 시행착오를 하면서 배우는 것보다 빠르고 효율적으로 성공할 수 있는 길을 알려준다. 최고가 되기를 원한다면 최고로부터 배워라.

유예된 자유

시간은 역설적이다. 대부분의 사람이 시간을 측정하지 못하거나 측정하지 않기 때문에 시간의 진정한 가치를 모른다. 당신은 측정할 수 없는 것을 지배할 수 없다. 대신 물리적인 보상을 얻기 위해 모든 시간을 사용하거나 낭비하면서 유형적인 상품 혹은 경제적 메커니즘에 가치를 부여하게 된다.

열심히 일해서 간신히 생계를 유지하고, 청구된 돈을 지불할 액수의 급여와 당신의 시간을 교환하고, 초과 근무까지 하면서 자유를 희생하고, 죽음에 가까운 나이가 되었을 때 시간을 얻는 것이 사회가 우리에게 원하고 강요하는 방식이다. 그러나 정작 당신이 그 시기에 도달했을 땐 이미 남은 시간은 얼마 되지 않을 것이고, 은퇴 후를 위해 저축했던 돈은 금세 바닥을 드러낼 것이다. 그렇게 되면 당신은 더 오래 일할 수밖에 없다. 명심하라. 지나간 시간은 결코 되돌릴 수 없다. 드디어 하고 싶은 일을 할 수 있게 됐을 때 당신은 죽음의 문턱에 서 있을 것이다.

산업 사회는 인생을 배우는 시기Learning years, 돈을 버는 시기Earning years, 그리워하는 시기Yearning years로 나누게 했다. 배우는 시기는 1세부터 18세, 돈을 버는 시기는 18세부터 65세, 그리워하는 시기는 65세부터 죽을 때까지다. 당신은 마치 소시지 기계에 들어간 것처럼 직업을 얻기 위해 공부하고, 말년에 약간의 자유로운 시간을 얻기 위해 삶의 대부분을 일하는 데 사용할 것이다.

앞서 말한 상심 증후군은 심장이 일시적으로 확대되고 펌프질을 제대로 하지 못해서 호흡 곤란이나 협심증을 일으키고 때로는 사망에 이르게 하는 증상이다. 스트레스를 일으키는 사건으로 인한 호르몬 급상승이 원인이며, 은퇴한 사람들이 급작스레 사망하는 주요 원인 중 하나다.

그들은 실제로 갑작스러운 목표와 신념, 희망, 비전의 상실과 경제적 결핍으로 인해 사망한다. 너무나 비참하고 허무한 죽음이다. 사람은 풍성하고 충만한 삶을 살다가 영광스러운 빛 속에서 세상을 떠나야 한다. 배우고, 돈을 벌고, 동경하는 삶의 방식은 이제 시대착오적인 낡은 모델이 됐다. 레버리지와는 반대되는 개념이다. 그러나 대부분의 사람이 이런 방식의 삶을 받아들이도록 강요당하고 있다. 그것은 결코 유일한 방식이 아니다.

당신은 시간을 관리할 수 없다

시간을 관리하겠다는 건 어리석은 생각이다. 우리의 삶에서 가장 잘못 이해되고 있는 개념 중 하나다. 시간을 관리하려고 할수록 당신은 점점 더 시간의 노예가 될 것이다. 마치 생각하고 있는 것을 생각하지 않으려고 애쓸수록 더 강하게 생각하게 되는 것과 같다. 시간은 누군가를 위해 정지하지 않는다. 당신은 어떤 방법으로도 시간을 통제할 수 없다. 시간은 계속 흘러간다. 시간은 당신을 신경 쓰지 않는다. 시간은 당신을 자기가 가는 곳으로 끌고 간다.

그런데 왜 시간 관리에 관한 책과 안내자가 이토록 많은 것일까. 그것은 모든 사람이 시간을 절약하는 지름길을 추구하기 때문이다. 나에게 처음으로 시간 관리가 무엇인지 가르쳐준 사람은 세계적인 리더 중 한 사람인 브라이언 트레이시Brian Tracy다.

당신은 시간을 관리하는 것이 아니라 자신의 삶, 결정, 행동, 감정을 관리해야 한다. 우리에게는 위대한 일을 할 수 있는 충분한 시간이 주어져 있다. 누군가가 달에 착륙하고, 모든 가정에 PC를 설치하고, 소아마비를 박멸하고, 백만장자가 되고, 세계 최고의 보디빌더, 최고의 출연료를 받는 배우, 주지사가 되었다면 당신도 그렇게 할 수 있다. 빌 게이츠와 아놀드 슈왈제네거^{Arnold Schwarzenegger}도 당신과 똑같이 한 시간에 60분, 하루에 24시간, 일주일에 7일, 1년에 52주를 가지고 있다. 그러므로 뛰어난 사람과 평범한 사람의 차이는 얼마나 많은 시간을 가지고 있는가에 달린 것이 아니라, 그 시간을 어떻게 선택하고, 사용하고, 투자하는가에 달린 것이다.

당신이 중요한 일을 하지 않거나, 삶을 제대로 관리하지 못한다면, 다른 사람을 위해 일하느라 분주하다면, 남을 부자로 만들어주면서 자신은 행복한 가정생활을 하지 못한다면, 그래서 혼란과 좌절감과 무력감을 느낀다면, 우선순위를 효율적으로 관리하지 못하고 있다는 얘기다. 그것은 모두 당신이 자초한 것이다. 당신이 그렇게 되도록 자신의 시간을 허용했고, 시간이 변화를 만들어내지 못하게 막았다.

일과를 끝내고 자신에게 '내가 정말 의미 있는 일을 했는가?'라고 물었을 때 '아니다'라는 답이 나온다면, 당신은 인류에게 주어진 가장 큰 선물이자 가장 귀중한 자원인 시간을 낭비한 것이다. 시간은 천천히 소멸하면서 우리를 지나치는 가장 귀중한 자원이다. 시간은 투자되거나 낭비된다. 중간은 없다. 시간은 당신의 통화通貨이고 자산이고 가치다. 당신은 삶을 관리하고, 시간을 투자함으로써 미래를 만들어나갈 수 있다. 당신에게 주어진 시간은 모든 사람이 가지고 있는 시간과 동일하다. 우리는 시간을 현금으로 바꿀 수 있다.

'시간 관리'로 표현되는 '삶의 관리'는 당신의 성과와 이익을 최대화하기 위해 자본, 아이디어, 정보, 시스템과 같은 자산들을 레버리지 하고, 시간을 최대한 적게 소진하여 최고의 가치에 최대한 투자하는 것을 의미한다. 당신은 시간에게 속임수를 쓸 수 있다. 이것은 아웃소싱이나 레버리지를 통해 더 짧은 시간에 더 많은 일을 처리하는 것을 의미한다. 그저 더 열심히, 더 오래 일하라는 것이 아니다. 시간을 자산과 통화의 개념으로 이해함으로써 시간을 속이는 것이다. 우선순위와 후순위를 철저하게 지키는 방식으로 가장 높은 가치나 가장 높은 소득을 창출하는 업무에 집중하고, 그 외의 일은 위임하거나 연기하는 방식으로 시간을 속일 수 있다.

이제부터 최고의 생산성을 위해 시간을 절약하고 레버리지 하는 전술을 알려줄 것이다. 당신은 이제 자신이 원하는 것에 대해 직관적이고 자발적인 이해를 얻게 될 것이며, 당신의 시간을 다른 사람의 긴급한 요구에 낭비하지 않고 효율적으로 투자하는 방법을 깨닫게 될 것이다.

낭비된 시간, 소비된 시간, 투자된 시간

쓸데없는 일에 까먹는 시간은 모두 '낭비된 시간'이다. 당신은 한 번쯤 '그 시간은 절대 되돌릴 수 없을 거야'라고 생각한 적이 있을 것이다. 누구나 그런 경험이 있다. 문제는 우리 모두 낭비에 중독되기 쉽다는 것이다. 시간을 무의미하게 소모시키는 일들을 피하라. 다이어트를 할 때 탄수화물이나 MSG를 빼버리는 것처럼 낭비를 철저히 배제하라.

'소비된 시간'은 경제적인 측면이나 정서적인 측면에서 지속적인 이익을 창출하지 못하는 시간이다. 시급으로 일하는 것, 기계적인 업무를 수행하는 것, 시간을 돈과 교환하는 것이 소비된 시간이다. 당신은 잃어버린 그 시간을 절대로 되돌릴 수 없다.

소비된 시간으로는 지속적인 가치나 이익을 얻을 수 없다. 성공하지 못하는 사람들은 대부분의 시간을 소비해버린다. 시간 대비 낮은 급여를 받는 것도 시간을 소비하는 것이지만, 급여가 높아도 타인에 의해 부과되고 당신에게 별 가치가 없는 일에 시간을 소비했다면 의미가 없기는 마찬가지다.

'투자된 시간'은 업무가 완료된 이후에도 오랫동안 수익을 올리거나 레버리지 효과를 제공하는 시간이다. 지속적이고 반복적인 이익을 창출한다. 부동산이 대표적이며 지식을 쌓는 것도 마찬가지다. 당신에게 더 좋은 결과를 가져다주는 새로운 지식은 남은 삶을 레버리지 할 수 있게 만든다. 즉시 이익을 가져다주지는 않지만 오랫동안 소득을 발생시키며 미래의 이익을 보장해주는 투자이기 때문에 비즈니스에서 가장 높은 가치를 갖는다. 아웃소싱, 네트워킹, 트레이닝, 시스템, 멘도 모두 투자된 시간이다.

세 가지 영역 중에서 어느 영역에 시간을 사용하고 있는지 점검해보라. 시간을 낭비하지 말고, 더 적게 소비하고, 더 많이 투자하라. 지속적인 소득은 투자된 시간에서 발생한다. 배당금은 투자된 시간에서 발생하고 급여는 소비된 시간에서 발생한다. 시간을 투자해서 얻을 수 있는 수익 모델이 있다면 당장은 소득이 없어도 견뎌라. 곧 돈이 당신을 위해 일할 테니까.

항상 당신의 시간을 평가하고 모니터링하라. 엄격하게 시간을 투자하라. 중요한 것은 당신이 얼마나 많이 일하는가가 아니라, 세상이 당신의 비전을 위해 얼마나 많이 일하는가이다. 당신이 사랑하는 일, 미래를 구축하는 일, 돈을 벌어다 주는 일을 할 시간을 더 많이 확보하라.

좋아하지 않는 일 중 대부분은 당신에게 있어서 최선의 가치가 아니다. 사랑하고, 원하고, 돈을 벌어다 주는 일을 하고 나머지는 위임하거나 레버리지 해야 한다. 싫어하는 일은 아웃소싱하거나 쓰레기통에 버려라. 이것은 남에게 당신의 책임을 미루는 것이 아니다. 당신의 업무를 수행하는 사람은 아마도 당신보다 그 일을 더 좋아하고, 더 잘할 것이다. 일감을 기여하고 자유를 얻어라.

시간 기회비용

시간 기회비용은 당신이 현재 하고 있는 업무나 소비된 시간의 비용을 의미한다. 대부분의 사람은 시간 기회비용을 인지하지 못한다. 자신이 하고 있는 일의 이익과 손실만 보고, 자신이 하고 있지 않은 일, 대신할 수 있는 일의 이익과 손실은 보려고 하지 않기 때문이다. 경제적 측면에서의 기회비용은 간단히 측정할 수 있다. 예를 들면, 당신이 은행에 현금을 예치할 때 이자율이 1퍼센트이고, 부동산 투자로 얻는 이율이 5퍼센트라면 은행에 돈을 예치했을 때 발생하는 기회비용은 4퍼센트다. 은행에 돈을 넣어두면 1퍼센트의 이자를 얻지만 부동산에 투자하면 5퍼센트의 이자를 얻을 수 있기 때문이다. 그럼에도 약간의 리스크를 견디지 못하고 기회비용을 소비해버리는 사람이 많다.

많은 사람이 시간은 돈보다 측정하기 어렵다고 생각하겠지만, 시간에도 기회비용의 개념은 동일하게 적용된다. 앞서 말했듯 비용을 발생시키는 것은 당신이 하고 있는 일이 아니라 당신이 하고 있지 않은 일이다. 열심히 일하는데도 기회가 보이지 않는 이유는 당신에게 돈을 벌어다 줄 일이 지금 하고 있는 일이 아니라 하고 있지 않은 일이기 때문이다. 시간을 어떻게 투자하고 있는가, 그 시간에 무엇을 하고 있지 않은가. 이 두 가지 질문으로 스스로를 주기적으로 모니터링하고 측정하라. 당신이 시간을 사용하는 방식을 분석하기 위한 시스템이다.

끊임없이 자신에게 '이 일이 투자된 시간 대비 최고의 보상을 주는가?'라고 물어보라. 이 간단한 질문으로 당신이 시간을 잘 사용하고 있는지, 올바른 업무를 수행하고 있는지, 최대의 레버리지를 얻고 있는지 점검할 수 있다. 모든 방면에서 반복적이고, 지속적이고, 기계적인 이익을 창출하는 방법이다.

당신의 시간은 얼마인가

당신이 시간을 올바르게 레버리지 하고 있는지, 하고 있는 일이 최고의 경제적 가치를 주는 일인지 확인하고 싶다면 먼저 당신의 시간이 얼마의 가치가 있는지 측정해야 한다. 먼저 당신의 소득 창출 가치^{IGV}를 계산하라. 소득 창출 가치^{IGV}는 근로 시간당 생산량을 의미한다. 시간당 생산량을 정확하게 알면 어떤 일을 직접 하고,

어떤 일을 다른 사람에게 위임할지 정확하게 알 수 있다. 소득 창출 가치^{IGV}를 계산하려면 먼저 당신이 매주 일하는 시간의 총량을 더하라. 돈을 버는 데 들어가는 전체 시간이다. 예를 들어 일주일에 55시간 일한다고 가정해보자.

이제 당신이 그 시간 동안 돈을 얼마나 버는지 계산해보라. 아니면 대략 추정해보라. 여기에는 급여, 배당금, 이자 등의 모든 수익이 포함된다. 모든 소득을 포함시키되 선물이나 대출은 제외한 금액을 더하라. 만약 일주일에 약 80만 원을 번다고 치자. 주 단위가 아니라 월 단위로 소득이 발생한다면 월 소득을 4.3으로 나누어서 주당 소득을 계산하라. 그다음에 소득 총액을 총 노동 시간으로 나눠라. 그러면 당신의 시간당 소득이 계산된다.

IGV = 80만 원 / 55시간 = 시간당 약 14,500원

이제 당신은 14,500원을 초과하여 벌 수 있는 일은 직접 해야 한다. 그 일이 당신의 레버리지 목록에서 '할 일'에 포함된다. 이 일은 당신이 직접 한다고 해도 소득 창출 가치^{IGV}가 감소하지 않는다. 반대로 14,500원 미만의 금액을 지불하고 위임할 수 있는 일은 모두 위임해야 한다. 그러지 않으면 소득 창출 가치^{IGV}가 감소

한다.

사람들이 초과 근무를 해도 부자가 되지 못하는 것이 바로 이런 이유 때문이다. 부자들이 더 부자가 되는 것도 바로 이런 이유 때문이다. 부자들은 낮은 가치의 일들을 레버리지 하고 자신의 소득 창출 가치^{IGV}보다 적은 비용을 지불한다.

당신도 부자가 되기 위해서는 이 수익 모델을 믿고 훈련해야 한다. 소득 창출 가치^{IGV}보다 더 많은 돈을 벌 수 있는 일이 있으면 그 일을 직접 하라. 그보다 훨씬 더 중요한 것은 소득 창출 가치^{IGV}보다 낮은 수익을 가져오는, 또는 그럴 가능성이 있는 일을 모두 레버리지 하는 것이다. 아웃소싱 웹사이트를 통하거나, 직접 거래하여 임금을 지불하는 방식으로 업무를 위탁하라. 그렇게 하지 않으면 당신은 더 가난해질 것이고, 당신이 벌 수 있는 것보다 더 많은 돈을 잃게 될 것이다. 레버리지 시스템을 믿어라. 적어도 지금보다는 빨리 경제적 자유를 얻을 수 있다.

레버리지 일지

당신은 효율적인 분배를 위해 레버리지 일지를 작성해야 한다. 어려울 것 없다. 하루 동안 한 일을 시간 단위로 간단히 기록하면 된다. 낭비한 시간이나 산만하게 보낸 시간을 솔직하게 기록하고, 소득을 창출한 업무 기록 옆에 소득 창출 업무^{GT}라고 적어라.

그다음 2주 간격으로 당신의 시간 중 몇 퍼센트가 소득 창출 업무^{GT}에 사용되었는지 계산하라. 전체 시간 중 수익과 성과를 만드는 데 사용되는 시간은 겨우 몇 시간이라는 사실에 놀랄 것이다. 또한 엄청나게 많은 시간이 경제적 이익을 발생시키지 못하는 일에 낭비되고 있다는 사실에도 놀랄 것이다. 이처럼 어떤 일에 시간이 낭비되고 있는지 파악하면, 소득 창출 업무^{GT}를 중심으로 실행하고 다른 업무는 위임하거나 배제함으로써, 최소의 낭비로 최대의 경제적 이득을 취하는 레버리지를 얻을 수 있다. 증명된 모델과 시스템을 사용하면 삶의 모든 생산적인 것들, 특히 여유 시간과 수입 능력을 극대화할 수 있다.

그러기 위해서는 치러야 할 대가가 있다. 바로 훈련이다. 다행히 명확한 비전이 있고, 자신만의 가치를 실천하고 있다면 훈련은 필요하지 않다. 나는 확실한 레버리지 모델을 통해 일곱 개의 사업에 성공했다. 현재는 거의 일을 하지 않는다. 사무실에 있는 시간은 하루에 두 시간도 채 되지 않지만, 회사는 99퍼센트 자율적으로 운영된다. 나는 아들과 매일 골프를 치고 딸을 돌보며 시간을 보낸다. 아들이 세계 골프 선수권 대회에 참가할 수 있도록 1년 중 3개월을 모나코, 플로리다, 두바이에서 보낸다. 비용은 모두 부동산에서 나오는 소득으로 충당한다. 자유는 내게 가장 높은 가치고 레버리지 시스템은 내게 자유를 선물해줬다. 큰 행운이라고 생각하고 진심으로 감사한다. 권위에 대해 심한 거부 반응이 있던 내가 아직까지 회사에서 일했다면 아마도 이 책의 서두에 언급했던 봅처럼 해고당했을 것이다.

나 역시 처음에는 레버리지 하는 삶과 거리가 먼 사람이었다. 열심히 일하는 것이 미덕이라고 생각했다. 내 아버지도 같은 믿음을 가지고 열심히 오랜 시간 일해서 착실하게 가정을 꾸려온 분이다. 학교에 다닐 때는 열심히 공부해서 좋은 성적을 얻었고, 아버지가 운영하던 술집에서 바쁘게 일했다. 그러나 그런 노력으로는 돈을 벌 수 없었고 자유로운 시간을 얻을 수 없었다. 겨우 최저 수준의 소득을 유지할 뿐이었다. 나를 발전하지 못하게 한 것은 사회적 편견과 레버리지에 대한 무지였다. 그러나 당신은 아니다. 당신은 다른 길을 선택할 수 있다. 레버리지는 누구나 얼마든지 실행할 수 있는 시스템이다.

주기적으로 은퇴하는 삶

레버리지 라이프는 배우는 시기에도 돈을 벌 수 있다는 것을 의미한다. 당신은 네 살인 자녀에게 비즈니스와 돈에 대해 가르칠 수 있다. 자동차 안에서 교육용 유튜브를 통해 자녀들이 열세 살이 되었을 때 온라인 비즈니스를 창업하고 돈을 벌게 할 수도 있다.

또한 레버리지 라이프는 돈을 벌면서도 계속 배울 수 있다는 것을 의미한다. 학교를 졸업했다고 배우는 것을 멈춰서는 안 된다. 장기적인 관점으로 교육과 지식에 끊임없이 투자함으로써 미래의 씨앗을 심을 수 있다.

더불어 레버리지는 은퇴하기 위해 오랜 시간을 기다리지 않아도 되는 것을 의미한다. 자신이 좋아하는 일을 하고, 열정을 직업으로 만들고, 직업을 휴가로 만들 수 있다. 당신은 매주 또는 매달 '짧은 은퇴'를 할 수 있다. 은퇴를 뒤로 미루지 않고 미리 앞당겨서 즐길 수 있다. 삶의 전반부에 모든 일을 하고 삶의 후반부에 완전히 은퇴하지 않아도 된다. 나는 2007년과 2009년에 두 번 은퇴했고 그 후로 다시 은퇴하지 않았다. 은퇴 생활은 너무 지루했다. 그것은 탄수화물 없이 이탈리아 음식을 먹는 것과도 같았다. 한 달이 지나자 목표가 필요했다. 나는 천천히 시들어가는 과정을 다시 반복하고 싶지 않았다. 내가 은퇴에 대해 잘못된 정의를 내렸다는 것을 깨달았다. 나는 사회가 정의하는 방식으로 은퇴를 생각했다. 은퇴를 삶을 통제하는 하나의 방식으로 이해하지 못했던 것이다.

우리는 이제 세계 어느 곳에서나 휴가를 즐기면서 원격으로 일을 할 수 있다. 비즈니스와 여가, 사교 생활을 통합할 수도 있다. 일은 더 이상 일이 아니어도 된다. 레버리지는 노년에 천천히 시들 어가다가 죽음을 맞이하면서 지난 삶을 후회하지 않아도 된다는 것을 의미한다. 사람은 죽을 때 다섯 가지 후회를 한다고 한다.

그렇게 열심히 일만 하지 말았어야 했는데······.

다른 사람의 기대에 부응하는 삶을 살지 말았어야 했는데······.

감정을 표현할 용기가 있었어야 했는데······.

친구들과 계속 연락하며 지냈어야 했는데······.

자신을 더 행복하게 했어야 했는데······.

레버리지를 활용하면 지루하고 목적을 상실한 삶을 살며 좌절 하지 않아도 된다. 더 이상 당신의 은퇴 자금을 다 써버린 정부의 재정 시스템에 의존하지 않아도 된다.

삶의 규칙을 새롭게 써라. 모든 행복을 뒤로 연기하지 마라. 이 책을 통해 시간 낭비를 최소화하면서 부를 극대화할 다양한 레버 리지 모델을 알게 될 것이다. 또한 당신에게 최대의 이익을 가져 다줄 시간의 법칙들을 알게 될 것이다. 성공한다면 당신은 또 다른 충만한 삶을 살아갈 수 있다.

주체적 삶을 위한 감정 조절

시간 관리가 삶의 관리라면 삶의 관리는 감정의 관리다. 당신은 감정이 삶을 어떻게 운용하도록 관리하는가. 감정을 통제하고 그 감정에 대한 책임을 수용한다면, 다시 말해 감정의 균형을 유지하고, 부정적인 감정을 통제하고, 사후 결정이 아닌 전략적인 결정을 내린다면 당신은 사랑하는 삶, 자발적인 삶을 살게 될 것이다. 감정을 정복한다는 것은 고통, 부정적인 감정, 약점을 전혀 느끼지 않는 기계가 되는 게 아니다. 자기 자신을 알고, 자신이 언제 어떻게 느낄 것인가를 예측할 수 있는 환경과 시스템을 구축하는 것이다. 이제 당신은 감정을 관리함으로써 삶을 관리해야 한다. 나는

감정을 오용, 관리, 정복이라는 세 단계로 나누고, 이를 감정의 3M
이라 부른다.

1단계: 오용 Misuse

감정의 오용은 감정을 통제하는 것이 아니라 감정에 의해 통제
되는 것을 의미한다. 어떤 일을 하고 나중에 후회한 적이 있는가.
어떤 상황에 대해 그릇된 반응을 하고, 침착한 상태에서는 하지 않
았을 방식으로 다른 사람에게 반응한 적이 있는가. 물론 당신은 그
런 경험이 있을 것이다. 많은 사람이 평생 반복적으로 경험하는 패
턴이다. 우리 모두 같은 경험을 한다.

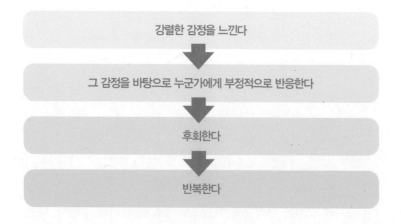

이처럼 많은 사람이 감정적인 반응의 노예로 살아간다. 이것은 우리의 삶을 통제 불능 상태로 만드는 가장 큰 요소이고, 성공의 치명적인 장애물이며, 불행과 낮은 자존감, 관계 파탄의 원인이다.

안타깝게도 대부분의 사람이 감정을 통제할 수 있다는 사실조차 모르고 살아간다. 의식적으로 통제할 수 없는 상황에 대한 반응을 자기 자신이라고 착각한다. 이 책은 인성 계발이나 감정 조절에 관한 책은 아니지만 레버리지 라이프를 위해서는 감정에 대해 살펴보아야 한다.

2단계: 관리 |Manage

감정을 관리하기 위해서는 먼저 감정을 명확히 인식해야 한다. 당신은 자신과 대화를 나눌 수 있고, 피드백을 제공할 수 있다. 시간을 소비하고, 투자하고, 낭비하는 요령도 알고 있다. 당신은 현명하다. 아마도 이 책이 당신이 읽은 첫 번째 책은 아닐 것이다. 당신은 이미 시간을 절약하고 관리하는 몇 가지 전략을 알고 있을 것이다. 문제는 당신이 너무 바쁘고, 처리하지 못한 일 위에 쌓여가는 또 다른 일에 짓눌려 있으며, 생활과 건강, 가정의 균형을 맞추려고 노력하지만, 어느 것 하나 원하는 만큼 해내지 못하는 것이다.

당신은 마치 저글링을 하는 것처럼 한꺼번에 너무 많은 일을 처리하고 있거나, 행정적인 업무에 얽매여 있거나, 어떤 일도 포기할 수 없는 성격일지도 모른다. 이제부터는 좋아하지 않는 일과 잘하지 못하는 일은 다른 사람에게 위임해야 한다.

3단계: 정복 Master

감정을 정복한다는 것은 어떤 감정을 느낄지 미리 알고 있다는 것을 의미한다. 자신의 감정을 자극하는 게 무엇인지 알고 있으면 최악의 상황은 피해갈 수 있으며, 지금 자신이 감정의 불 속에 있는지, 불 속에서 빠져나왔는지 알 수 있다. 불가피하게 나쁜 상황에 처한다고 해도 마음의 완충재가 감정이 날뛰지 못하도록 구속복을 입혀준다. 덕분에 침착함과 차분함을 유지하면서 문제를 해결할 방법을 찾을 수 있다. 감정을 정복하면 자신이 잘할 수 있는 일과 형편없이 못하는 일을 알 수 있으며, 전략과 비전을 위해 시간을 할애하고, 낮은 가치의 일들은 위임하거나 폐기하고, 비전과 가치를 지속적으로 계획하고 점검할 수 있다. 감정을 정복하면 자기 자신과 비즈니스를 더 효율적으로 관리할 수 있다. 다음은 비즈니스 과제를 설정하고 처리할 때 참고하면 좋은 실행 원칙들이다.

당신에게 가치 있는 일을 가장 먼저 하라

해당 과제의 수행 시간이 길거나 난이도가 어려운 경우에도 그 과제가 가치 있는 일이라면 지치지 않고 끝까지 실행할 수 있다. 과제를 처리 가능한 단위로 나눈 다음 단기적인 목표를 설정하고 주기적인 휴식 사이클을 계획해보자.

업무를 건너뛰지 말고 당면한 일에 집중하라

이메일이나 페이스북을 확인하고 싶을 때마다 자기 자신과 대화하고 당면한 일에 집중하라. 처리해야 할 일 더미에서 빠져나오는 유일한 방법은 당면한 과제에 완전히 집중하는 것이다. 그것이 산더미 같은 일을 처리하는 가장 빠른 길이다. 업무를 건너뛰면 뇌가 다시 작동할 때까지 시간이 낭비된다.

개구리를 먹어라

당신은 어려운 일이나 힘든 일을 미루지 않아야 한다. 지금 당장 정면으로 공격해서 돌파해야 한다. '개구리를 먹어라(어려운 일을 먼저 하라는 뜻)'라는 브라이언 트레이시의 말처럼 가장 먼저 개구리를 삼켜버림으로써 남은 일을 훨씬 더 수월하게 처리할 수 있다. 브라이언 트레이시는 당신이 어떤 일에서 빠져나올 수 없게 되거나, 일의 크기가 너무 커지거나, 곪거나, 견딜 수 없을 정도로 당신을 압박하기 전에 먼저 처리하라는 의미로 이런 비유를 했을 것이다.

개구리를 빨리 먹어 치우면 안도감을 느낄 수 있다. 그것이 당신의 뇌에 행복을 느끼게 하는 엔도르핀을 전달하고, 성취감과 자존감을 느끼게 하고, 더 큰 과제를 향해 나아갈 동기를 부여할 것이다. 그 일을 끝까지 해낼 수 있도록 당신을 격려할 것이다.

지금 가장 하기 싫은 일을 가장 먼저 해치워라. 눈 딱 감고 덤벼들어라. 핑계 대지 마라. 지금 당장 시작하라. 최악의 일을 가장 먼저 하면 남은 하루가 평온해질 것이다. 그러면 성과뿐만 아니라 자긍심도 높아질 것이며 나중에 그 일을 더 쉽게 할 수 있도록 단련될 것이다.

다른 사람에게 끌려다니지 마라

비전과 가치에 따라 시간을 계획하지 않으면 세상이 당신을 붙잡고 이곳저곳으로 끌고 다닐 것이다. 당신이 먼저 계획을 세우지 않으면 다른 사람의 계획의 일부가 될 것이다. 중요치 않은 일에 휘말리지 않으려면 단호하게 거절할 줄도 알아야 한다. 누군가 당신이 절박하게 필요하다고 말할 때, 그 말이 진짜인지 아닌지 구분할 수 있거나 아예 믿지 않아야 한다. 지속적인 시간 소모로부터 자신을 분리하고 지켜야 한다.

자신에게 솔직하게 질문하라

가장 거짓말을 하기 쉬운 상대는 자기 자신이다. 자신을 설득하면 뭐든 거리낌 없이 할 수 있고, 구구절절한 변명이나 거짓말로 자신을 정당화하고, 다른 사람의 말에 귀를 기울이지 않게 된다.

'내일'이라는 말은 '결코 하지 않을 것'이라는 말과 같다. 더불어 아홉 시간 동안 서류 더미와 씨름한 뒤 '열심히 일했다'라고 자신을 설득하려는 내면의 목소리를 주의해야 한다. 그래야 자신을 비난하거나, 불평하거나, 정당화하지 않고 냉정하게 우선순위를 정할 수 있다.

하루 에너지의 최고점과 최저점을 파악하라

당신은 에너지를 다루는 방법을 알아야 한다. 모닝커피를 마신 직후에 가장 집중력이 높다면, 그 시간을 높은 핵심 결과 영역KRA과 소득 창출 업무IGT를 수행하는 시간으로 분류해야 한다. 식곤증 탓에 가장 능률이 떨어지는 시간에는 가치가 낮은 행정 업무를 배정하자. 그리고 그 일을 처리하지 못해도 스스로를 자책하지 말자.

유혹의 무균 공간을 만들어라

핵심 결과 영역KRA과 소득 창출 업무IGT 과제에 집중해야 할 때는 이메일, 인터넷, SNS를 차단해야 한다. 무엇보다 중요한 것은 아무도 당신을 방해할 수 없는 공간에서 일하는 것이다. 다이어트에 성공하고 싶으면 냉장고와 찬장을 비우는 게 가장 좋은 방법이듯, 중요한 일을 먼저 하기 위해서도 같은 방법을 사용해야 한다. 나는 이 책을 쓰는 동안 한 번도 페이스북에 로그인하거나 이메일을 확인하지 않았다.

무기력과의 전쟁

회복하는 데 가장 오랜 시간이 필요한 감정은 압도감, 혼란, 좌절감이다. 더 큰 문제는 이 감정들이 우리를 무기력하게 만든다는 사실이다. 무기력만큼 고통 없이 고통스러운 감정도 없다. 우리를 아무것도 할 수 없는 상태에 빠뜨리고, 우울에 사로잡히게 만들어서 그릇된 결정을 내리게 한다. 레버리지에 가장 치명적인 감정 상태다. 이 세 가지 감정은 당신의 결정과 행동을 방해하는 주요 원인이므로 각각 상세하게 다룰 것이다. 이 감정들은 함께 동반해서 오는 경우가 많고, 한 가지 감정이 다른 감정을 낳기도 한다. 이제부터 이 감정들은 무엇이고, 어디서 비롯되었고, 어떻게 제거해야 하는지 살펴보자.

압도감

압도감은 자기 생각과 감정에 완전히 지배당하는 느낌을 의미한다. 이 감정은 스스로 유도한 감정인 경우가 많다. 압도감의 또 다른 정의는 역설적이게도 '어떤 것을 덮거나 반대로 묻히는 것'이다. 당신은 할 일이 너무 많거나 그 일을 하기 위해 주어진 시간이 충분하지 않다는 걸 알았을 때 압도감을 느낀다. 타인에 의해서 부과된 일을 해야 할 때, 마감 기한이 촉박할 때, 남을 위해 해야 할 일이 너무 많을 때도 압도감을 느낀다. 혹은 업무 속도를 따라갈 수 없을 때, 당신의 머리로는 양이나 속도를 따라갈 수 없을 때, 당신에게 중요하지 않은 일들을 강압적으로 해야 할 때, 일의 끝이 보이지 않을 때, 당신의 일과 시간, 삶을 통제할 수 없다고 느낄 때 압도감을 느낀다. 압도감에 대한 이 글을 읽을 때마저 압도감을 느낄지도 모른다. 대부분의 사람은 압도감에서 벗어나는 것이 어렵다고 생각한다. 사실 벗어나는 방법을 알고 있다면 이미 벗어났을 것이다. 압도감을 극복하는 방법은 다섯 단계로 나눌 수 있다.

1단계: 개인적인 책임을 완전히 받아들여라

절대로 비난하거나, 불평하거나, 정당화하지 마라. 당신이 소망하는 것이 무엇인지 파악하라. 당신이 삶에서 해야 할 모든 일은 당신 스스로 허용한 것이다. 너무 많은 일을 하고 있거나, 원하지 않는 일을 하고 있거나, 일에 너무 깊이 파묻혀서 빠져나올 수 없거나, 머리가 터질 것처럼 복잡하다면 그것은 다른 사람의 잘못이 아니다. 당신이 느끼는 압도감을 세상의 탓으로 돌리는 태도를 버려라. 그러면 당신은 통제력을 회복하고 문제를 해결할 수 있다.

2단계: 비전과 가치에 일치하는 일을 하라

압도감, 혼란, 좌절감을 치유하는 가장 실제적인 방법은, 당신의 비전과 가치에 일치하는 일을 시작하는 것이다. 하고 싶은 일은 아무리 많이 해도 압도되지 않는다. 압도감을 느끼는 이유는 당신이 가치와 비전에 일치하지 않는 일을 하고 있기 때문이다. 당신의 가슴을 뛰게 하는 일, 목표, 최고의 가치와 우선순위를 상기하라.

3단계: 핵심 결과 영역과 소득 창출 업무가 아닌 것은 거부하라

당신의 시간을 낭비하게 하고 생각을 지배하는 것에 대해 단호하게 'NO'라고 말해야 한다. 다른 사람에게는 긴급하고 중요한 일이지만 당신에게는 우선순위가 높지 않은 일, 당신의 비전과 일치하지 않는 일, 누군가가 당신에게 억지로 떠맡긴 일, 압도감의 원인이 되는 모든 일을 거부하라.

당신이 느끼는 압도감은 그 일이 당신을 발전시키지 못한다는 무의식적인 자각에 대한 책임감과 다른 사람에게 도움을 주지 못한다는 자책감이 더해진 것이다. 핵심 결과 영역KRA과 소득 창출 업무IGT가 아닌 업무는 다른 사람에게 위임하거나 버려야 한다. 그리고 그 일을 끝내고 나면 다른 일을 시작하지 마라. 외부적인 요인 때문에 압도된 상태에서는 자신의 무의식적인 행동을 자각하지 못한다. 마치 수도꼭지를 잠그지 않은 채 양동이의 물을 버리는 것과도 같다. 당신의 지속적인 압도감의 원인이 되는 행동이나 사고방식은 무엇인가.

아래 몇 가지 질문에 대해 신중하게 생각해보자. 당신을 압도하는 것이 무엇이든, 그것의 정체를 확실하게 파악하고, 솔직하게 인정하고, 그것을 놓아버리자.

- 다른 사람에게 그릇된 책임감을 갖고 있지는 않은가?
- 비전과 가치가 명확한가?.
- 'No'라고 말하지 못하거나 어렵게 느끼는가?
- 자신의 능력에 비해 과도하게 다른 사람들을 도와주고 자신의 일은 제대로 하지 못해서 좌절하는가?
- 자신이 할 수 있는 일과 할 수 없는 일에 대해 명확히 파악하는가?
- 지나친 야망을 가지고 있는가?
- 무언가를 잃어버리거나 빠뜨리는 것을 두려워하는가?
- 사람들이 당신을 슈퍼맨이라고 생각하기를 원하는가?

4단계: 가치에 우선순위를 매겨라

가치와 비전을 명확히 파악하고, 부합하지 않는 업무를 위임하거나 버렸다면 이제 당신은 핵심 결과 영역KRA에 따라 엄격하게 우선순위를 정해야 한다.

당신의 비전과 가치를 평가하고, 우선순위와 소득창출의 순서를 철저히 지키며 목록을 작성하라. 가능한 한 가장 우선순위가 높은 핵심 결과 영역KRA부터 시작하고, 명확하지 않을 때는 가장 높은 소득 창출 업무IGT에 따라서 순서를 정해도 된다.

5단계: 가장 중요한 작업에만 집중하라

어떤 일을 완전히 끝낼 때까지 다음 일로 이동하지 마라. 이것을 일종의 훈련이라고 생각하라. 훈련의 정의는 당신이 좋아하든 좋아하지 않든, 해야 한다고 생각한 일을 하는 것이다. 중요한 과제를 완료했을 때 느낄 성취감을 상상하라. 그리고 충분한 휴식을 통해 자신에게 보상하라. 자유를 누리려면 먼저 완수할 책임이 있다고 생각해야 한다. 당신을 산만하게 하는 모든 방해 요소로부터 자신을 분리해라. 당신이 가장 중요하다고 생각하는 일은 무슨 일이 있어도 완수해야 한다.

혼란

혼란은 매우 단순한 감정이다. 혼란에 대한 많은 사전적 정의가 있지만 '명료함의 부재'가 가장 근접한 해석이다. 삶에 일정 정도의 명료함이 없다면 혼란을 느끼는 것이 당연하다. 혼란은 지식이나 경험의 부족, 너무 많은 선택권, 우선순위를 정하는 능력 부족에서 비롯된다. 또한 자기 자신에 대한 의심, 어떤 일을 효율적으로 수행하는 능력의 부족, 어떤 일을 결정할 때 최선의 방법을 모른다는 불안에서 비롯되기도 한다. 혼란은 압도감을 낳을 수 있고, 압도감이 혼란을 낳을 수도 있다. 혼란은 압도감과 밀접하게 연결되어 있기 때문에 앞서 말한 압도감을 없애는 다섯 단계를 실행하면 혼란의 정체가 명확하게 드러날 것이다.

조금 다른 점은 결정과 행동의 속도다. 혼란은 앞으로 나아가지도 않고, 앞으로 나아가기 위해 뒤로 물러서지도 않는 공백 상태라고 할 수 있다. 당신은 그 속에 갇혀서 어느 곳에도 도달하지 못하거나 도달하는 데까지 오랜 시간이 걸리게 된다. 그렇기 때문에 1단계에서 3단계를 거치자마자 빨리 결정하는 것이 가장 현명한 방법이다. 당신이 하는 일이 장기적인 관점에서 옳은 일인지 아닌지는 별로 중요하지 않다. 공백 상태에서 빠져나와 한 방향으로 속력을 내서 움직이는 것이 더 중요하다. 설사 잘못된 방향으로 움직인다고 해도 적어도 혼란에서는 벗어날 수 있다. 처음에는 뒤로 후퇴하는 것처럼 보일지도 모르지만, 제자리를 찾아가기 위해 스스로 방향을 수정했다는 사실이 중요하다.

좌절감

———

좌절감의 또 다른 정의는 '성취되지 못한 욕구나 해결되지 않은 문제로 인해 불안감이나 우울감을 동반하는 불만족스러운 감정'이다. 원치 않는 일을 억지로 하면 좌절감이 찾아온다. 반면에 좋아하는 일을 하고, 하는 일을 좋아하고, 가장 높은 가치와 비전에 부합하는 삶을 살아갈 때 사람은 좌절하지 않는다. 좋아하는 일을 하면 아무리 힘들어도 이겨낼 수 있다. 직관적으로 그 과정이 옳은 길이라는 것을 알기 때문이다.

무하마드 알리Mohammad Ali는 혹독한 훈련의 시간을 견뎌냈고, 토머스 에디슨은 수많은 실험의 실패를 견뎌냈다. 그들에겐 가치 있는 비전을 향한 주체적인 목적의식이 있었다. 누구나 좌절감을 겪지만, 좌절감이 일시적인 감정이라는 것을 깨달으면 극복할 수 있다. 좌절감을 몰아내는 단계는 다음과 같다.

1단계: 자신을 비난하지 마라

좌절감을 느끼는 자신에게 좌절할수록 더 심한 좌절감을 느끼는 악순환에 빠지게 된다. 최선의 방법은 더 이상 자신을 비난하거나, 고통을 가중시키거나, 연민이나 분노를 품지 않는 것이다. 감정과 자신을 동일시하지 마라. 감정은 당신이 아니다. 좌절감 때문에 자신에 대한 자긍심과 믿음을 손상시켜서는 안 된다. 좌절감을 변화와 성장을 위한 메커니즘이라고 생각하라. 내일, 다음 주, 다음 달이면 좌절감은 완전히 사라지고 더 높은 수준의 감정으로 탈바꿈할 것이다. 이전에 느꼈던 좌절감은 더 이상 당신을 괴롭히지 못할 것이며, 당신을 다시 좌절감에 빠지게 하려면 더 수준 높은 문제가 발생해야 할 것이다.

2단계: 감정에 귀를 기울여라

좌절감은 당신이 옳지 않은 일을 하거나 올바른 방법으로 일하고 있지 않다는 피드백이다. 그런 의미에서는 매우 긍정적인 감정이다. 당신이 가치와 비전을 따라 살고 행동하고 있는지를 점검해주는 공정한 경고 신호이기 때문이다. 따라서 좌절감을 느낀다면 지금 하고 있는 일을 포기해야 한다.

그러나 아무리 생각해도 그 일이 옳은 일이라는 확신이 든다면 일을 하는 방법이 잘못된 것이다. 더 좋은 방법을 찾아서 높은 수준으로 성장할 수 있도록 개선해야 한다. 어느 쪽이든 좌절감에 귀를 기울이고 좌절감이 어디를 향하고 있는지 살펴봐야 한다. 그다음 당신이 만들어내야 하는 변화를 규정해야 한다. 현재 하는 일을 더 많이 해야만 더 나은 결과를 얻을 거라고 기대하는 것은 자신을 기만하는 일이다.

3단계: 성공 중독에서 벗어나라

자신의 감정을 명확하게 규정하고, 개인적인 책임을 받아들이고, 적극적으로 좌절감을 몰아낸다면 당신은 감정을 지배할 수 있다. 나아가 다른 사람들은 결코 얻지 못하는 자기 통제와 이해의 경지에 도달하게 된다. 그런 자신을 칭찬하라. 당신은 훌륭하다. 지혜롭고 뛰어난 사람이다. 아무리 작을지라도 긍정적인 감정을 소중히 여기고 단단히 붙잡아라. 모든 작은 승리가 큰 승리를 이끌어낸다. 자신에 대한 칭찬과 보상 없이 과제에서 과제로, 목표에서 목표로 달려가는 것은 자멸을 자초하는 것이다. 그것은 만족을 위해 다음 목표를 찾고, 그 목표에 도달하자마자 다음 목표를 찾는 중독 상태와 같다. 끊임없이 다음 목표를 찾는 사람은 영원히 목적지에 도달할 수 없다. 지나친 성공 지상주의, 남에게 뒤지지 않으려는 욕망은 당신을 공허감과 허탈감에 빠뜨릴 것이다.

적게 일할수록 부자가 되는
생산성의 비밀

당신이 하루를 관리하지 않으면 하루가 당신을 관리할 것이다. 하루에 열네 시간을 일하고 밤 아홉 시에 '내가 오늘 실제로 뭘 성취했을까?'라고 자신에게 물었을 때, 정신없이 바쁘게 일하기만 했지, 가치 있는 일은 아무것도 하지 않았다는 생각이 든다면 그보다 더 맥 빠지는 일은 없을 것이다.

기억하라. 당신은 시간을 관리할 수 없다. 당신은 단지 삶을 관리할 수 있을 뿐이다. 계속 정신없이 산만하게 생활하면서 어제 무슨 일이 잘못되었는지, 내일 무슨 일이 잘못될 것인지 걱정하지 마라. 당신은 시간을 소유해야 한다. 그래야 삶을 소유할 수 있다. 나는 다이어리를 군사 작전처럼 정확하고 세밀하게 관리한다. 다이어리를 제대로 관리하지 않으면 생활이 뒤죽박죽되어버린다. 10년 동안 내 복잡한 다이어리 때문에 많은 비서가 퇴사했다. 나는 그들에게 다음과 같은 것들을 배웠다.

오픈 스케줄링

다이어리를 1년 정도 사용하다 보면 어느 순간 다이어리가 지하철 노선도처럼 보이기 시작한다. 적어도 1년에 한 번은 반복되는 모든 일정을 확인하고, 지나간 일정이나 관계없는 항목은 삭제하는 방식으로 다이어리를 정리해야 한다.

종이 다이어리뿐만 아니라 다이어리 기능이 있는 모든 기기를 정리하라. 당신의 스케줄이 가정생활과 사회생활의 균형을 이루는지 점검하라. 사랑하는 사람들과 보내는 시간을 우선순위에 놓고, 일과 휴가를 통합하고, 시작해야 하는 일, 중단해야 하는 일, 계속해야 하는 일을 핵심 결과 영역KRA에 맞추어 점검하라. 그다음에는 다이어리를 집, 직장, 노트북, 모바일 기기에서 모두 사용할 수 있도록 동기화하라. 그리고 당신의 비서, 비즈니스 파트너, 중요한 관계자들과 배우자가 당신의 다이어리에 접근할 수 있도록 허락하라. 다이어리에 기재하는 내용은 최대한 구체적이어야 한다. '미팅'은 미팅에 대한 상세하고 명확한 정보가 아니다. 누군가 당신을 미팅에 초대했을 때, 그 미팅의 목적을 확실히 알고 있지 않으면 제대로 준비할 수 없다. 또한 미팅의 목적과 의도, 구체적인 안건에 대해 명확히 기재하면 당신의 다이어리를 본 다른 사람이 당신의 주요 업무를 이해하고 동참할 수 있다. 더불어 주변 사람들에게 다이어리를 오픈하면 그들의 일정과 당신의 일정이 겹치는 일이 없어진다. 그들이 당신의 일정과 동선을 미리 파악했기 때문이다.

에너지 사이클

당신이 하루 동안 사용하는 에너지와 생산성의 사이클을 관찰하라. 당신이 가장 생산적인 시간은 언제인가? 언제 몰입하고 열중하는가? 언제 식곤증이 몰려들고 얼마나 지속되는가? 언제 혼자 있고 싶어지는가? 언제 사람들과 어울리고 싶은가? 언제 일을 하고 싶고 언제 놀고 싶은가?

나는 주변 사람들의 에너지 사이클을 조사했다. 어떤 사람은 일찍 일어나는 게 좋다고 말하고, 어떤 사람은 늦게 일어나는 게 좋다고 말한다. 어떤 사람은 무조건 낮잠을 자야 한다고 하고 어떤 사람은 점심에 햇볕을 쫴야 한다고 한다. 어떤 사람은 여덟 시간의 수면이 필요하다고 하고, 어떤 사람은 다섯 시간만 자도 된다고 한다. 누구의 말이 옳을까?

당연히 자신에게 가장 잘 맞는 사이클로 생활하는 게 옳은 방법이다. 문제는 대부분의 사람이 자신의 생산성 사이클과 생활을 연결시키지 못한다는 것이다. 앞으로 2주 동안 하루 에너지와 생산성 일지를 기록해보라. 어떤 일을 했는지, 언제 일하고 언제 놀았는지, 그때 기분이 어땠는지, 시간 단위로 간단히 기록하라. 언제 집중이 잘 되지 않았는지, 언제 일하기 힘들었는지, 언제 생산적이었는지 등의 질문으로 하루 에너지 사이클을 정확하게 파악할 수 있다. 스케줄을 하루 에너지 사이클에 맞춰 조정함으로써 최소의 시간 낭비로 최대의 결과를 만드는 생활 패턴을 얻을 수 있다.

핵심 결과 영역KRA에 포함된 일정은 혼자 있을 수 있고 능률이 높은 시간, 몰입도가 높은 시간에 배정하라. 행정적인 업무나 중요하지 않은 업무, 긴급하지 않은 업무는 피곤이 몰려오는 시간에 배정하라. 1년 중에서 'SADseasonal affective disorder(계절성 정서장애)'가 심한 시기에 휴가를 잡아라. 배가 고플 때만 식사를 하라. 모든 사람이 반드시 열두 시부터 한 시 사이에 점심을 먹을 필요는 없다.

이제 당신은 에너지 사이클에 가장 잘 맞는 스케줄에 따라 시간을 분배함으로써 당신에게 최적화된 삶을 살 수 있다. 더 이상 죄책감이나 자격지심을 갖지 마라. 업무와 에너지 사이에서 갈등하지 마라. 나의 개인적인 시간 분배가 당신의 삶을 재조정하는 데 도움이 되기를 바란다. 최소한 참고는 될 것이다.

- 가장 생산적인 시간 **오전 5시 45분부터 8시 30분**
- 가장 효과적인 카페인 양 **하루에 커피 두 잔**
- 가장 창의적인 시간 **오전 6시 30분부터 8시 30분**
- 지치고 피곤한 시간 **저녁 5시 45분 이후**
- 식사에 가장 좋은 시간 **아침 9시, 오후 2시, 저녁 6시**
- 취침에 가장 좋은 시간 **저녁 9시부터 아침 5시 30분**
- 최고의 알람 시계 **아들**
- 미팅하기에 최악의 시간 **오전 10시 45분부터 11시 30분**
- 골프 치기에 가장 좋은 시간 **오전 10시, 오후 3시, 오후 5시**
- 가장 생산적인 장소 **거실, 카페, 멋진 경관과 와이파이가 있는 곳**
- 책을 쓰기에 가장 좋은 시간 **오전 4시 30분부터 8시 30분**
- 이메일을 처리하기에 좋은 시간 **오전 6시 15분부터 8시 15분**

레버리지에 내일은 없다

다이어리를 정리하고, 분류하고, 에너지와 생산성 사이클에 맞게 일정을 조정했으면, 이제 정해진 일정에 집중하고 당신을 방해하는 요소를 완전히 차단하는 훈련을 해야 한다. 사람은 현재를 사는 존재다. 지나간 일이나 미래의 일에 얽매이면 발전과 행복이 존재하는 현재에 집중할 수 없다. 당신은 지금 할 수 있는 일만 할 수 있고, 지금 통제할 수 있는 것만 통제할 수 있다. 미루지 마라. 질질 끌지 마라. 핑계 대지 마라. 지금 시작하라. 완벽하지 않아도 된다. 가치 있는 목표를 향한 질주는 엔도르핀과 세로토닌을 분비시킨다. 그러므로 당신이 비록 그 일에서 큰 성과를 얻지 못하더라도 단지 시작하는 것만으로 좋은 기분을 느낄 수 있다. 레버리지는 당장 시작하고, 진행하면서 수정하며, 마지막에 완벽해지는 것이다. 현재에 집중할 수 있도록 도와주는 몇 가지 기술을 알려주겠다.

포커싱

나는 'FOCUS'를 'Follow One Course Until Successful(성공할 때까지 한 가지에 집중하라)'의 약자라고 생각한다. 우리를 산만하게 하는 모든 것들을 차단하고, 적어도 30분에서 90분 동안은 한 가지에 집중해야만 최소한의 성과를 얻을 수 있다.

중간에 다른 업무로 이동하지 말고 차라리 중간중간 짧게 휴식하라. 여러 일을 한꺼번에 하면 많은 일을 했다고 착각하게 된다. 가짜 만족은 느낄 수 있겠지만 결국 시간 낭비일 뿐이다. 자동차 엔진을 예열하는 데 시간이 걸리는 것처럼 일도 예열이 되어야 집중할 수 있다. 중간에 업무를 중단하거나 바꾸면 그때마다 예열이 필요하다. 명백한 시간 낭비다.

당신이 현명한 사람이라면 예열 단계를 최소화하고 몰입 시간을 최대화하기 위해 비슷한 업무를 함께 묶어서 처리할 것이다. 미팅을 하루에 몰아서 하는 것도 좋다. 사무실로 되돌아가는 시간을 아끼기 위해 노트북에 필요한 자료를 모두 저장해서 이동 할 때나 외부에서 업무를 처리할 수도 있다.

한시적 차단

VVKIK에 집중하면 어떤 일을 더 많이 하고 어떤 일을 중단해야 하는지 직관적으로 알 수 있다. 중요한 업무에 집중하는 것을 방해하는 요소를 차단하라. 유혹이 스며들 기회를 주지 말고 자신이 자신을 방해하지 못하게 하라. 헤드폰으로 소리를 차단하고, 주변 사람들이 말을 걸지 못하게 하라. 시간 낭비의 주된 원인이 무엇인지 파악하고 철저하게 그 원인을 차단해야 한다.

더불어 시작과 중단의 반복, 논쟁과 토론을 최소화하라. 특히 다른 사람들의 긴급한 일에 신경 쓰지 마라. 사람들은 그 일이 당신에게도 긴급한 일이라고 설득할 것이다. 그것이 실제 상황보다 얼마나 과장된 것인지 판단하고, 그들이 과거에도 그런 행동을 한 전력이 있다면 마음먹고 무시하라. 핵심 결과 영역KRA이나 소득 창출 업무IGT에 주력해야 하는 시간에는 전화조차 받지 마라. 정말 긴급한 내용이면 당신에게 어떻게든 전달될 것이다. 모든 벨 소리를 차단하라.

재차 말하지만 하루가 당신을 관리하게 하지 마라. 당신이 하루를 관리하라. 핵심 결과 영역KRA과 소득 창출 업무IGT에 따라 우선순위를 정하고, 다이어리를 중요한 사람들과 공유하고, 당신의 모든 기기를 동기화하라. 가족들을 위한 시간, 운동, 비전, 전략을 포함해 당신에게 가장 가치 있는 시간을 먼저 구분하라. 당신이 가장 생산적인 시간을 알아내어 모든 시간 낭비를 피하라.

NeTime

NeTime은 'No Extra Time(추가 시간 없음)'의 약자다. 이것은 레버리지를 최대화하고 시간 낭비를 최소화하기 위해 하나의 시간 단위에 여러 가지 성과를 내는 기술이다. 곡예를 하듯이 너무 많은 업무를 실행하거나, 너무 많은 접시를 돌리거나, 달콤한 사랑을 나누면서 휴대폰을 확인하라는 게 아니다. 동일한 시간을 사용해서

두 배 혹은 세 배의 성과를 창출하는 것을 의미한다.

기차나 비행기로 여행할 때는 반드시 헤드폰으로 교육용 오디오북을 들어라. 시간을 절약하고 성과를 확보하는 NeTime을 위한 완벽한 기회다. 오디오북을 들으면 책 읽는 시간을 절약할 수 있다. 하루에 한 시간만 실천해도 10년이면 3,650시간이 된다.

《가디언》지에 따르면 대학생들은 일주일에 평균 13.9시간 공부한다고 한다. 따라서 하루에 한 시간씩 10년 동안 오디오북을 들으면 대학생이 학사 학위를 받기 위해 공부하는 시간과 같은 양을 공부하는 셈이다. 나는 올해 1월부터 12월까지 118권의 오디오북을 들었다. 책 한 권을 읽는 데 평균 3.5시간이 걸린다고 하니 나는 413시간 동안 지식을 쌓은 셈이 된다.

통화를 해야 할 땐 다른 사람의 계획에 맞추지 말고 당신이 레버리지 할 수 있는 시간에 미뤄둔 모든 통화를 몰아서 하라. 나는 헬스클럽에서 운동하면서 통화하는 방법을 활용했다. 가쁜 숨을 몰아쉬며 통화하는 나를 괴짜라고 생각하는 사람들도 있다.

드라마를 보면서 시간을 소비하지 말고 교육적인 전기나 다큐멘터리를 시청하는 방법으로 레버리지 하라. 외식을 할 계획이 있을 땐, 데이트 약속만 아니라면 성공한 사람, 즉 당신이 하고 싶은 일을 이미 성취했고, 당신이 원하는 것을 이미 갖고 있는, 스마트하고, 재미있고, 경험이 많은 사람과 함께 식사를 하면서 비즈니스와 여가를 통합하라. 멘토나 성공한 기업가들과 함께 식사하는 것은 사교생활과 비즈니스를 통합하는 방법 중 하나다. 보트 전시회, 자선 음악회 등 여러 행사에 참석하라. 열정과 일을 통합할 수 있는 곳이라면 어디든지 가라.

많은 사람이 부자들이 돈이 많기 때문에 시간적인 사치를 누릴 수 있다고 생각한다. 그러나 나는 오히려 부자들이 시간을 낭비하지 않고 잘 활용했기 때문에 부자가 되었다고 생각한다. 당신도 소중한 시간을 절약하여 돈을 벌 수 있는 기회를 얻을 수 있다. 한 가지 경고하자면 당신의 배우자에게 레버리지라는 단어를 사용하지 마라. 그랬다가는 수십 배로 레버리지 당할 것이다. 설거지를 배우자에게 레버리지 했다가는 자칫 다른 사람이 아내의 사랑을 레버리지 할지도 모르니 진지하게 유의하라.

모든 일에 최선을 다하면
아무 일도 못 한다

LEVERAGE

가장 큰 위험은 위험 없는 삶이다.

– 스티븐 코비

'일을 뒤로 미루는 것은 나쁘다'는 생각은 현대 사회의 일반적인 통념이다. 그러나 레버리지의 세계에서는 중요도가 낮은 업무는 뒤로 미루는 것이 당연하다. 심지어 미룰수록 더 좋다. 그런 일일수록 더 게으르고, 의욕 없고, 따분해하고, 무관심해도 된다.

이러한 후순위 업무만 열심히 하면서 자신은 무엇 하나 대충하지 않고 최선을 다해 성실히 일한다는 착각에 빠지지 마라. 그건 단지 놀고먹지 않는 정도의 활동일 뿐, 실상은 아무것도 성취하지 못한 채 시간을 낭비하는 것이다. 그러나 당신의 자아는 열심히 일하는 이미지를 포기하지 못하기 때문에 끝까지 당신을 속이려고 들 것이다.

파킨슨의 법칙Parkins' Law에 따르면 어떤 일이든 주어진 시간이 모두 소진될 때까지 늘어진다고 한다. 우선순위와 후순위를 명확히 정하지 않으면 모든 업무가 동일한 시간과 공간을 차지하게 되는 것이다. 그러나 그 어떤 업무도 동등하지 않다. 어떤 업무는 다른 업무보다 시간이 더 오래 걸리고, 어떤 업무는 다른 업무보다 더 중요하다. 중요하지 않은 일에 우선순위를 높게 둔다면, 그 업무가 당신의 모든 시간을 소모할 것이다. 그렇게 되면 적절하고, 중요하고, 레버리지 효과가 있는 업무를 할 시간이 부족해진다. 그러므로 핵심 결과 영역KRA과 소득 창출 업무IGT를 우선으로 하고 낮은 가치의 업무는 다음 순서로 미뤄야 한다.

가치가 낮고, 많은 시간을 소비하고, 수익을 배제하는 업무는 후순위로 미뤄라. TV 드라마, 식도락, 언쟁, 가십 등 후순위로 미룰 것들은 셀 수 없이 많다. 비전과 가치에 지속적으로 집중하고 피드백을 수용할 때, 당신은 주어진 시간을 최대한 레버리지 할 수 있다. 우선순위와 후순위를 구별하고 더 짧은 시간에 더 많은 일을 할 수 있는 몇 가지 기술을 알려주겠다.

궤도를 점검하라

압도감과 혼란, 좌절감과 동기 부족을 느끼고 바쁘기만 한 삶을 살고 있다면 핵심 결과 영역KRA, 소득 창출 업무IGT, 핵심 성과 지표KPI를 점검하라. 선택의 기준은 언제나 당신의 비전과 가치여야 한다. 해당 업무가 가치 목록의 상위권에 있고, 비전에 다가가게 하고, 목표를 실현하게 하는 일이라면 그 일을 하라. 그렇지 않으면 다른 사람에게 인계하거나 포기하라. 그다음 당신이 올바른 코스에 들어서 있는지를 점검하라. 마음을 혼란스럽게 하고 일을 지연시키는 모든 상황을 제거하라.

목표라는 마약

잠자리에 들기 전과 하루를 시작하기 전에 목표를 소리 내어 읽어라. 이것은 실제로 뇌와 무의식에 메시지를 전달하는 방법이다. 무의식은 당신이 잠들었을 때나 일에 몰입할 때도 끊임없이 목표를 되새기고, 그 목표가 이루어지도록 뇌에 명령한다. 이전에는 생각하지 못했던 아이디어나 기회를 포착하게 한다. 마치 자동차에 관심을 갖거나 자동차를 구입한 후부터 의식하지 않아도 여러 기종의 자동차가 눈에 띄는 것과 같은 원리다. 더불어 기억력은 잠자리에 들기 전과 깨어난 직후에, 평소보다 30퍼센트 증가한다는 연구 결과도 있다.

이 간단한 작업은 뇌의 망상 활성계RAS: reticular activating system(뇌의 각성, 흥분, 집중 등에 관여하는 신경)를 활성화한다. 당신이 중요한 목표에 집중할 수 있도록 불필요한 정보를 걸러내는 역할을 하고, 원하는 결과를 즉시 이미지로 흡수할 수 있도록 돕는다. 우리의 뇌는 복잡한 보상과 징벌의 메커니즘을 가지고 있다. 목표를 성취하면 뇌는 도파민을 방출한다. 이러한 화학 반응이 만드는 감정적 효과는 집중력과 목표 의식을 고양시킨다. 가치 있는 목표를 향할수록 에너지가 생기는 것이다.

반대로 망상 활성계를 활성화시키지 못하면 뇌에 적절한 프로그램을 입력할 수 없다. 목표에 집중하지 않으면 뇌가 부정적인 뉴스나 정보, 조잡한 드라마 따위에 현혹되어 목표 실행을 방해한다. 그렇게 되면 도파민이 공급되지 않아서 공허감, 슬픔, 무기력 같은 부정적인 감정을 느끼게 된다. 당신의 몸은 컴퓨터처럼 생각을 프로그래밍하기도 하고, 마약 같은 중독성 화학물질을 만들어내기도 한다. 이 모든 게 목표를 향해 나아갈 때와 나아가지 않을 때 일어나는 현상이라는 게 신기하지 않은가.

역 파킨슨의 법칙

파킨슨의 법칙을 전복하는 사례가 하나 있다. 휴가 하루 전날에 일주일 치의 업무를 처리해낼 수 있다는 사실이다. 놀랍지 않은가. 그 많은 일을 어떻게 하루 만에 처리할 수 있을까. 이것을 역 파킨슨의 법칙이라고 부르기도 한다. 주어진 시간이 소진될 때까지 늘어지지 않고 오히려 짧은 시간에 모든 일을 해낼 수도 있는 것이다.

그렇다면 매일 휴가가 시작되기 전날처럼 산다면 엄청나게 생산적인 사람이 될 수 있다. 내게 이렇게 귀중한 테크닉과 사고방식을 가르쳐준 브라이언 트레이시에게 감사한 마음을 전한다.

이제 당신은 높은 가치의 업무가 당신의 핵심 결과 영역KRA과 소득 창출 업무IGT에 연결되도록 우선순위와 후순위를 정해야 한다. 당신의 비전에 더 가까운 일이 가치 목록의 맨 위에 올라가야 하고, 그렇지 않은 일은 다른 사람에게 인계하거나 쓰레기통에 들어가야 한다. 간단하다. 업무 진행 상황을 당신의 비전에 비추어 점검하라. 더불어 하루에 두 번, 잠자리에 들기 전과 깨어나자마자 목표를 상기하고 매일을 휴가 전날이라고 생각하라. 그러면 당신은 최고의 생산성을 발휘할 수 있다.

3장

부의
진입로
LEVERAGE

당신의
경제적 운명을 바꿀
새로운 기회

위대한 사람을 몰래 관찰하는 사람

$$\boxed{\text{LEVERAGE}}$$

배움 없는 자유는 언제나 위험하며
자유 없는 배움은 언제나 헛되다.
– 존 F. 케네디

주변에서 당신보다 더 똑똑한 사람들을 만날 수 있을까. 물론 만날 수 있다. 부자들과 성공한 사람들이 모이는 이벤트를 선별해서 참가할 수 있을까. 물론 그럴 수 있다. 자선 음악회, 골프 클럽, 고급 헬스클럽, 요트 클럽, 보트 전시회, 부동산 박람회 등 부자들과 성공한 사람들과 사귈 수 있는 곳은 수없이 많다.

당신이 원하는 라이프스타일로 살고 있는 사람들과 술을 마시면서 저녁 식사를 하고, 인터뷰를 하고, 질문하고, 끈질기게 접근하라. 그들의 의례적인 일상, 습관, 행동을 분석하라. 그들이 이미 레버리지 한 네트워크를 활용하여 더블 레버리지를 얻어라. 한때 당신의 우상이었던 사람을 동료, 친구, 비즈니스 파트너로 만들 수 있다.

기죽지 마라. 처음부터 돈을 가지고 시작하는 사람은 없다. 당신의 능력은 은행에 예금한 돈의 액수가 아니라 네트워크를 얼마큼 활용할 수 있는가이다. 당신이 부자들과 폭넓은 네트워크를 형성하고 신뢰 관계를 맺고 있다면, 돈은 당신에게 흘러들어오게 된다. 전략과 비전만 있다면 별로 어려운 일이 아니다. 도전하라. 당신의 네트워킹 기술이 곧 재정을 지원받고 이체 한도를 높일 수 있는 능력이다.

내가 아는 성공한 기업가나 운동선수는 모두 코치와 멘토를 갖고 있다. 모든 해답이 거기에 있다. 당신을 앞서간 누군가는 이미 당신이 원하는 일을 해냈다. 혹은 다른 분야에서 성공한 기업가들의 책을 읽고 연구할 수도 있다.

내가 지난 10년 동안 실천한 귀중한 취미는 전기와 자서전 읽기다. 이러한 책을 통해 각 분야 리더들의 정신, 행동, 생활, 전략에 대한 통찰을 얻을 수 있었다. 스티브 잡스의 자서전에 나오는 내용 중 그가 죽기 직전에 빌 게이츠와 나눈 대화의 한 구절처럼, 당신은 '위대한 사람들을 몰래 관찰하는 사람Fly on the wall of greatness'이 될 수 있다.

책을 읽는 건 위대한 사람들의 성공 비결을 전수받는 것과도 같다. 직접 만나서 경험과 통찰을 얻을 수 있다면 더욱 좋다. 훌륭한 사람들을 찾아내어 동료와 멘토로 만드는 것을 핵심 결과 영역KRA 중 하나로 추가하라. 그것은 훨씬 적은 시간과 비용을 들여 최대의 레버리지를 창출하는 간단한 방법이다. 내가 현재 행복한 삶을 살고 있는 이유이기도 하다. 조금 더 빨리 이 방법을 이해하지 못한 게 안타까울 정도다. 내가 만일 열여덟 살 때 이 방법을 알았더라면 지금과 다른 삶을 살고 있었을 것이다.

마스터 마인드

'마스터 마인드'라는 그룹이 있다. 각자의 분야에서 발휘하는 능력을 상호 보완하고 통합함으로써 서로를 발전시키는 현명한 사람들의 집단이다. 나는 멘토로서, 그리고 동료로서 여러 마스터 마인드 그룹의 일원으로 참여하고 있다. 그들이 없었다면 나의 비즈니스는 제대로 운영되지 않았을 거라고 확신한다. 당신도 훌륭한 사람들을 모으고 그들과 함께 문제를 해결함으로써 통찰력과 이익, 전략을 얻을 수 있다. 그들은 당신에게 문제를 대하는 새로운 관점을 알려줄 것이다. 아니면 문제 해결에 도움을 줄 수 있는 다른 사람을 소개해줄 것이다.

때로는 멘토가 됨으로써 멘티가 되는 것만큼 많은 것을 얻을 수 있다. 사람은 아예 모르는 분야에 대해서는 질문조차 할 수 없다. 그렇기 때문에 다른 분야의 회의에 참여하여 '관찰자'가 되면 무궁무진하게 배울 수 있다. 운이 좋으면 당신의 분야에 차용할 만한 혁신적인 아이디어를 발견할 수도 있다.

개인과 그룹을 발전시키기 위해 우리는 매년 마스터 마인드 전략 회의를 한다. 내가 운영하는 회사 중 하나인 프로그레시브 프로퍼티는 영국에서 가장 큰 부동산 마스터 마인드를 운영하고 있다. 다섯 명의 백만장자들이 부동산 경영자들과 그룹을 이루어 글로벌 비전을 가르치고 성과를 만드는 방법을 전수한다. 나는 현재 두 개의 마스터 마인드 그룹에 참여한다. 한 그룹은 내가 만든 그룹으로, 기업주들이 서로의 문제를 돕게 하려는 목적으로 만들었다.

내 친구가 만든 '신디케이트The Syndicate' 그룹은 몇 명의 백만장자들이 모여서 반나절 동안 서로의 비즈니스 문제를 해결할 방법을 고민한다. 이 그룹은 비즈니스의 비전과 성과를 변화시키는 높은 수준의 네트워크다.

마스터 마인드의 회원들은 훌륭한 친구, 파트너가 된다. 그들은 작은 아이디어로 수십억 원의 변화를 창출한다. 마스터 마인드에서 멘토를 만나면 성과는 가속화된다. 멘토는 앞서서 그 일을 경험하고, 현재에도 그 일을 하고 있기 때문에 당신을 가장 편한 길로 안내해줄 수 있는 사람이다. 멘토가 없었다면 나는 지금보다 훨씬 작은 규모의 비즈니스를 운영하고 있을 것이고, 더 길고 힘든 여정을 걸어야 했을 것이다.

마스터 마인드 그룹은 장기적이고 지속적인 성장의 열쇠다. 당신은 모든 비즈니스 분야에서 전문가가 될 수 없다. 그러므로 당신보다 업무에 대해 더 잘 아는 사람이 업무를 수행하게 함으로써 레버리지 효과를 얻어야 한다. 사실 처음에는 비용을 아끼려고 무료로 조언을 얻으려 했다. 그러다 멘토 중 한 사람이 '공짜 조언은 아무 가치도 없다'라는 말로 나를 겸연쩍게 만들었다.

물론 당신은 최고 수준의 멘토를 구할 경제적 여유가 없을지도 모른다. 그러나 가능한 한 높은 수준의 멘토를 찾기 위해 노력해야 한다. 투자한 만큼 얻을 수 있다. 훌륭한 멘토를 얻는 것은 당신이 할 수 있는 최고의 투자 중 하나다. 여기에 쓰는 비용보다 무지無知에 쓰는 비용이 더 비쌀지도 모른다.

당신이 닮고 싶고, 배우고 싶은 사람을 찾아라. 당신의 발전을 이끌어줄 멘토와 롤 모델을 탐색하라. 더 빨리 성장하고 싶다면, 더 많은 경험과 지식을 가지고 있는 사람들을 모아 마스터 마인드 그룹을 만들어라. 당신을 든든하게 지지해줄 뿐 아니라 문제를 해결할 수 있도록 도와주는 훌륭한 후견인이 될 것이다. 명심하라. 현명한 사람들이 알고 있는 비밀은 그들이 알고 있는 현명한 사람들이다.

네트워크 마인드

삶이 영화로 만들어질 만큼 성공한 인생을 살았다고 인정받는 사람들은 모두 남다른 전략을 갖추고 있다. 그들의 공통점은 주변에 훌륭한 사람들이 많은 것이다. 강한 남편에게는 훌륭한 아내(그 반대일 수도 있다)가, 기업가에게는 훌륭한 직원이, 운동선수에게는 훌륭한 코치가 있다.

인적 네트워크는 가장 가치 있는 자산이다. 성공은 장기적인 관계와 신뢰로부터 출발한다. 그 관계로부터 레버리지의 크기가 결정되며, 성공은 당신의 비전을 지지하는 사람들과의 조화에 달려 있다. 예를 들어 내가 부동산을 매입하고 관리하기 위해서는 중개인, 운송인, 변호사, 은행, 파트너, 에이전시, 건축업자, 비즈니스 고문, 물주, 세무사, 회계사, 전문 컨설턴트들과 조화롭게 관계해야만 한다. 당연하게도 우리는 세상의 모든 지식을 갖고 있지 않다. 지식은 분산되어 있으므로 네트워크를 형성해야만 부족한 부분을 채울 수 있다. 당신이 겪은 모든 문제와 고통을 먼저 경험하고, 해결하고, 더 높은 수준으로 성장한 사람에게 배워야 한다. 비용을 절약한다거나 스스로 부딪치면서 배우겠다며 모험을 떠나는 것은 어리석은 선택이다.

내가 화가였던 시절, 나는 미술계의 새로운 분야를 개척하고 싶었기 때문에 화랑에 가지 않았다. 다른 화가들의 작품을 보고 싶지 않았다. 특별한 화가가 되기를 원했기 때문이다. 하지만 나는 그저 어리석고 무지한 화가였다. 우리는 모두 다른 사람의 영향을 받을 수밖에 없다. 타인의 영향력 없이는 영감을 얻을 수 없다. 뮤지션들은 즐겨 듣는 음악에서 영감을 받는다. 현재 세계 최고의 골프선수라 불리는 로리 맥길로이Rory Mcllroy는 타이거 우즈에게 영감을 받았다.

그러나 나는 독창적인 화가가 되고 싶었다. 개념 예술과 설치 미술을 우습게 여겼다. 죽은 동물들을 조각조각 자르는 데미안 허스트Damien Hurst와 침대 위에 물건을 어지럽게 늘어놓는 트레이시 에민Tracey Emin이 우스꽝스러워 보일 뿐이었다. 그러나 그들은 부자였고 나는 빈털터리였다.

지금 내게 전통적인 화가와 현대 화가 중 하나를 선택하라고 한다면 당연히 후자를 선택할 것이다. 트레이시 에민은 자신의 특이한 작품 덕분에 훈장을 받았지만 나는 무명 화가였다. 데미안 허스트는 작품을 팔아 백만장자가 되었지만 나는 3년 동안 무일푼이었다. 그들은 나보다 더 많은 사람에게 기여했다.

나는 그들 혹은 그들과 비슷한, 그들보다 앞서간 많은 화가로부터 배울 수 있었고, 배웠어야 했다. 당신은 나와 같은 실수를 하지 말고 동료, 코치, 멘토, 전문가 네트워크를 구축하고 투자해야 하며 그것이 최고의 핵심 결과 영역KRA 중 하나여야 한다. 더불어 당신의 소득 창출 업무IGT 중 많은 부분이 네트워크에 집중되어야 한다. 레버리지의 기본은 다른 누군가가 당신의 일을 하도록 만드는 것이기 때문이다. 적어도 당신이 일하는 시간의 1/3은 네트워크를 구축하는 데 사용하기를 바란다.

열등감 위에 올라타라

부자나 탁월한 동료로부터 받는 열등감이나 스트레스는 자칫 부정적으로 보일 수 있다. 그러나 역으로 긍정적인 영향을 주기도 한다. 더 높은 수준의 도전과 성장으로 나아갈 힘을 주는 긍정적인 스트레스는 앞날을 위해 꼭 필요한 자극이다. 물론 뛰어난 사람들이나 부자들과 함께 있는 것이 불편할 수도 있다. 하지만 그러한 관계에서 가장 큰 이익을 얻는 것은 그 모임에서 가장 가난한 사람이라는 것을 인정해야 한다. 이러한 긍정적 스트레스는 중요한 성공의 비결 중 하나다. 어쩌면 사기를 치거나 벼락부자가 되는 방법을 제외하면 성공을 향한 가장 빠른 지름길일지도 모른다.

해변에서 일하는 시대

인생은 활동하는 가운데 존재하며 무기력한 휴식은 죽음을 뜻한다.
- 볼테르

과도하게 일을 하면 가정에서 휴식을 취할 수 없다. 반면에 가정에서 너무 많은 시간을 보내면 충분한 돈을 벌 수 없고, 자신의 분야에서 발전할 수 없다. 어느 한쪽을 희생하면 나머지 한쪽에서 갈등이 일어나게 되어 결과적으로 양쪽에 악영향을 준다. 이렇게 삶과 일은 분열될 수밖에 없는 걸까.

설사 그렇다고 해도 어느 한쪽도 희생하려고 하지 마라. 양쪽이 균형을 이룰 가능성은 매우 낮다. 그러니 애초에 균형을 맞추려고 애쓰지 마라. 삶은 한쪽 끝에서 다른 한쪽 끝으로 왔다 갔다 하는 시계추와 같아서 중앙에 머무르지 않는다. 일과 삶의 균형을 지속적으로 유지하는 것은 아무리 낙관적으로 생각한다고 해도 힘든 일이다. 최악의 경우 헛된 노력이 될 수도 있다. 레버리지는 그 두 가지를 동시에 성취하는 것이지, 균형을 맞추기 위해 희생하는 것이 아니다. 내 말은 아기를 안고 이메일을 보내라는 뜻이 아니다. 가족과 함께 휴가를 보내면서 비즈니스도 할 수 있다는 뜻이다. 다른 나라에서 비즈니스 스케줄이 있을 때 가족들과 함께 그곳에서 짧은 휴가를 즐길 수 있다는 이야기다.

예를 들면, 학부모 모임에서 비즈니스 기금을 모을 수도 있다. 자녀를 파티에 데리고 가서 다른 사람들이 파티를 즐기는 동안 구석에서 책을 읽을 수도 있다. 나는 어제 아들이 볼링을 치는 동안 원고를 썼다. 강좌, 운동, 미팅을 할 때 가족들과 떨어져 있지 말고 가족들을 데리고 가라. 가르침을 줄 수 있는 부유한 사람들과 함께 저녁 식사를 하라. 당신의 저녁 시간을 인적 네트워크를 만드는 시간이자 휴가로 만들어라. 영향력 있는 사람과 골프를 쳐라. 고급 헬스클럽에 등록하면 부유한 사람을 만나면서 건강까지 챙길 수 있다. 여행을 하는 동안 짬을 내어 부동산에 들르는 것도 좋다. 새로운 직업을 가진 지 얼마 안 된 사람들은 균형을 맞추기 어려워한다. 당신이 지금 그런 상황에 처해 있거나 한꺼번에 너무 많은 일을 벌이고 있다면, 소중한 사람들과 함께 시간을 보낼 날짜를 다이어리에 적어라. 기록하고 변경하지만 않으면 다른 일들은 나머지 시간에 어떻게든 처리된다. 이렇게라도 하지 않으면 분명히 다른 일이 비집고 들어온다. 일정을 미리 예약해버리면 업무에 희생되는 시간을 최소화하고 일과 여가, 두 마리 토끼를 잡을 수 있다. 사실 나는 휴가를 싫어했고 내 아내 제마는 내가 휴가를 싫어하는 것을 싫어했다. 나는 5년마다 마지못해 휴가를 갔지만 시간 낭비라고 여겼다. 그 시간 동안 내가 발전하지 못한다고 생각했다. 그래서 제마가 해변에서 휴가를 즐길 때 나는 일만 했다. 결국 제마는 폭발했다.

지금은 일과 관련된 모든 일정을 가족과의 시간과 통합한다. 일과 삶이 하나의 휴가가 됐다. 제마와 아이들은 휴가를 즐기고 나는 약간의 일과 약간의 여흥을 즐기며 모두의 욕구를 충족시킨다.

당신도 레버리지를 통해 일과 휴식의 경계를 무너뜨릴 수 있다. 나는 여행과 휴가, 일과 놀이를 통합함으로써 가족의 욕구와 가치를 충족시킬 수 있었다. 모든 사람이 제각기 다른 가치를 가지고 있기 때문에 모두를 행복하게 하는 것은 쉬운 일이 아니다. 그러므로 반드시 먼저 서로의 가치를 이해해야 한다. 당신의 배우자와 자녀들에게 '너의 삶에서 가장 중요한 것이 무엇인가?'라고 반복해서 물어보라. 서로 사랑하고, 도와주고, 지지하고, 함께 사는 방법에 대한 청사진을 얻게 될 것이며, 당신이 무언가를 원할 때 가족의 지지를 받는 방법을 알게 될 것이다. 사랑하는 사람들의 가치가 무엇인지 알아야 욕구와 비전을 모두 충족시키는 삶을 영위할 수 있다.

당신은 가족뿐 아니라 비즈니스 파트너, 친구, 상사, 관리자 등 당신의 삶의 큰 부분을 차지하는 모든 사람의 가치관을 알고 싶어 할 것이다. 진정한 관계는 서로의 가치를 존중할 때 지속된다는 것을 알고 있기 때문이다. 매년 가족끼리 비전 미팅을 열어서 서로의 가치와 비전을 공유하라. 자녀에게 목표를 설정하고 목표를 위해 실행하는 올바른 자세를 교육하라. 일과 삶을 분리하지 않고, 시간을 조정하여 열정과 직업, 일과 휴가를 통합하는 방법을 터득한다면 당신은 더 오래 일할 수 있고, 더 많은 재산을 남길 수 있고, 가족들과 더 좋은 관계를 유지할 수 있다.

일과 삶 중 하나를 희생하지 않고 두 가지를 동시에 균형 있게 살아가려는 의식적인 결단을 내려라. 집에서는 일을 생각하고 직장에서는 집안일을 생각하는 이분적인 삶이 아니라 가정과 일이 통합된 완전하고 온전한 삶을 살아가라.

취미와 사교생활

일과 가정생활을 통합한 것처럼 취미와 사교생활도 통합할 수 있다. 레버리지를 사교생활에 적용하면 된다. 취미가 없다면 네트워크를 확장시켜줄 사람과 교제하는 취미를 만들어라. 헬스클럽에서 자전거 운동을 하면서 비즈니스와 관련된 통화를 해도 좋고, 쇼핑을 하거나 영화를 보러 갈 계획이 있으면 이벤트나 세미나가 열리는 곳으로 가서 두 가지 일을 통합하는 것도 좋은 방법이다.

도움이 되지 않는 TV 프로그램을 시청하는 대신 성공한 사람들과 기업들에 관한 교육적이고 영감을 주는 다큐멘터리를 시청하라. 수준이 낮은 잡지나 소설 따위를 읽을 바에는 차라리 자기 계발이나 비즈니스 서적을 읽어라. 비즈니스 목적으로 SNS를 활용하는 것도 좋은 방법이다. 이처럼 당신은 레버리지를 통해 가정생활과 사교생활, 비즈니스 중 어느 것도 희생하지 않고도 완전한 삶을 살 수 있다. 당신은 삶의 원칙을 새롭게 써 나갈 수 있다. 일은 더 이상 일이 아니어도 된다. 앞으로는 시간이 완전히 소진될 때까지 원하는 것을 뒤로 연기하면서 살지 않기를 바란다.

사무실 속 사무실

지금 당신이 이 책에서 배우고 있는 방식은 소수의 엘리트만이 알고 있는 것이다. 그들은 기존의 관습적인 방식에 의문을 던지고 더 나은 방식을 배우려고 노력한 사람들이다. 만일 당신이 2015

년에 그랜드 케이맨 섬Grand Cayman Island에서 진행된 마스터 마인드 테이블에 나와 함께 참석했다면, 완전하게 레버리지 하는 라이프스타일을 창조하는 획기적인 기술을 배울 수 있었을 것이다. 그것은 지금까지의 내 성공 방식을 완전히 뒤집을 정도로 혁신적인 것이었다. 우리는 모두 케이맨에서 나눈 경험을 사랑한다. 나는 그 모임에서 내가 시간과 장소의 자유를 누리기 위해 사용한 레버리지를 설명했다. 그때 내 멘토 중 한 사람이자 억만장자인 데이브가 내 말을 끊고 이렇게 말했다.

"롭, 당신은 아직도 회사 안에 당신의 사무실을 가지고 있나요?"

나는 약간 당황해서 대답했다.

"네, 물론이죠."

"그럼 아직 완전히 레버리지 하는 삶은 아니로군요. 안 그래요?"

나는 영국에 돌아오자마자 직원들의 사무실과 내 사무실을 분리하고 있던 벽을 허물고 그 자리에 다섯 명의 직원을 더 채웠다. 그다음 집 주방에 회의용 장비를 설치하고 중앙 서버를 원격으로 접속할 수 있게 만들었다. 지금 생각해보면 내가 매일 사무실에 갔던 이유는 감정적으로 사무실에 매여 있기 때문이었다. 나는 레버리지 시스템을 믿고 의존했으며, 사무실의 활기와 자율적인 분위기를 즐겼지만, 그러면서도 직원들을 은밀히 감시하고 싶었고 나 자신이 중요하고 가치 있는 존재라는 기분을 느끼고 싶었던 것이다. 그리고 결과적으로 내 이런 행동이 주변 사람들에게 방해가 되었다는 걸 깨달았다.

나는 소득 수단을 소유하고 있었기 때문에 비교적 자유로웠고, 세계 여러 곳을 여행하는 비용을 충당할 여유가 있었지만, 여전히 장소에 얽매여 완전히 레버리지 하지 못한 것이다. 세 대륙에서 비즈니스를 펼치고 있는 데이브 덕분에 나는 레버리지를 이루는 퍼즐의 마지막 한 조각을 발견했다. 95퍼센트의 차이를 만드는 레버리지의 마지막 5퍼센트를 완성할 수 있었다.

자유의 두 얼굴

레버리지는 단 하나의 핵심 목표를 추구한다. 바로 자유다. 우리는 세계의 모든 시스템을 대부분 자유롭게 누릴 수 있다. 그러나 그것이 자유는 아니다. 자유는 궁극적으로 생각에서 비롯된다. 앞서 소개한 빅토르 프랭클의 나치 수용소에서의 경험이 이를 증명한다.

반대로 생각으로는 자유를 누리면서도 사무실이나 상사 또는 지리적인 한계에 매여 있을 수도 있다. 이 두 가지를 통합하려는 시도가 바로 레버리지다. 자유로운 사고방식은 생각, 감정, 행동을 기반으로 한다. 당신이 기업을 체계화하고 자동화한다고 해도 어쩔 수 없이 예기치 못한 상황을 경험하게 된다. 시스템이 고장 나거나 사람이 시스템을 망치는 일이 발생한다. 한 가지 문제를 해결해도 새로운 문제에 직면한다. 결코 시스템만으로는 진정한 자유를 얻을 수 없다는 증거다. 진정한 자유를 얻으려면 스스로 생각과 감정을 통제할 수 있어야 한다.

자유를 경험하는 기본적인 방법은 감사하는 마음을 갖는 것이다. 당신이 어떤 일을 할 때 출발선에 있든, 마지막 도착 단계에 있든 당신이 가지고 있는 모든 것에 대해 감사해야 한다. 당신의 시간을 절약해주고 자유롭게 해주는 시스템과 그 시스템을 만들고 자동화하는 과정의 어려움에도 감사해야 한다. 레버리지 하는 자동화 시스템이 곧 행복이라는 사고방식은 결국 당신을 허무에 사로잡히게 할 것이다. 이는 극도의 좌절감과 자존감 상실의 원인이 되기도 한다.

더불어 자유는 문제 해결 능력과 직접적인 관계를 맺고 있다. 정신적으로 좌절하지 않고 문제를 해결하는 능력은 당신에게 자유를 준다. 또한 다른 사람들의 문제를 최대한 빨리 해결하면 그들이 당신에게 자유를 준다. 그러나 모든 문제를 근절할 수는 없다. 그래서 레버리지 시스템이 필요한 것이다.

또한 우리는 책임으로부터 벗어날 수 없다. 나는 '노트북 라이프 스타일'을 추구하는 사람을 많이 만났다. 그들은 단지 노트북과 돈을 세는 기계만 있으면 모든 걸 해결할 수 있다는 환상 속에 살고 있었다. 이는 단순하고 어리석기 짝이 없는 사고방식이다. 삶에서 더 많은 것을 원할수록 책임을 무시해서는 안 된다. 관계와 시스템을 구축하면 그에 따른 책임이 생긴다. 책임에서 벗어나야 자유로워지는 것이 아니다. 역설적이게도 책임을 받아들이는 자세가 자유를 부르기 때문이다.

거창한 말을 하는 게 아니다. 당신이 스티브 잡스를 잇는 선지자가 되거나, 수많은 직원을 책임지는 기업인이 될 필요는 없다. 규모는 중요하지 않다. 레버리지 시스템과 레버리지 마인드가 통합될 때 일은 휴가가 되고, 열정은 직업이 되어 당신에게 자유를 선사한다. 레버리지는 자유를 향한 도피가 아니다. 당신은 그 어떤 것으로부터도 도피하지 않아야 한다. 모든 것을 하나의 고양된 삶으로 통합하라. 그것이 진정한 레버리지다.

인생의 자동 주행 기능

자동화 시스템은 당신이 없어도 모든 일이 차질 없이 흘러갈 수 있게 한다. 자동화 시스템 구축을 통해 의존성과 종속성을 제거하고, 자율성과 주체성을 보존하여 자유를 만들어낼 수 있다. 자동화는 중복과 낭비를 줄이고 생산성과 효율성을 극대화하는 가장 빠르고, 가장 간단하고, 가장 쉬운 길을 찾는 레버리지다. 아래의 몇 가지 시스템을 실행함으로써 당신은 자동화의 기반을 마련할 수 있다.

이메일

이메일은 시간을 쓸데없이 소모하는 일 중 하나이기 때문에 꼭 레버리지 해야 하는 요소다. 일단 이메일 계정을 하나로 통합하여 모든 메일을 한곳에 모아라. 매번 로그인하지 않을 수 있도록 접속 기능을 상시 유지하라.

생산성 향상과 철저한 효율성을 위해 이메일 관리 시스템을 만들어야 한다. 이메일은 혁신적인 도구이지만 한편으로는 모든 사람의 골칫거리이기도 하다. 사람들은 종종 이메일로 얘기해도 되는 문제를 굳이 회의로 발전시켜서 시간을 낭비한다. 반대로 직접 만나서 얘기하면 될 문제를 이메일로 처리하면서 시간을 낭비하기도 한다. 상황에 따라 어떤 소통 방식이 효율적인지 구분해야 한다. 이메일로 처리할 일, 통화로 해결될 일, 직접 만나야만 진행되는 일을 구분하라. 유의해야 할 것은 직접 얼굴을 보고 말해야 되는 사안은 절대 이메일로 처리하지 말아야 한다. 그것은 이메일로 사람을 해고하는 것과 같다.

나는 종종 '받는 사람'이 다수로 지정되어 있는 이메일을 받는다. 이런 이메일을 받으면 도대체 누구에게 보낸 건지, 누구의 답장을 원하는 건지 알 수가 없다. 이런 경우 실제로 아무도 답장을 보내지 않을 수도 있다. 이메일을 보낼 때는 누구에게 보내든 답장을 주어야 할 사람이 명확하다면 그 사람만 '받는 사람'으로 지정하고 다른 사람은 모두 '참조'로 지정하여 보내야 한다. 더 좋은 방법은 부수적인 수신자들을 '숨은 참조'로 지정하여 주요 수신자에게 본인만 메일을 받은 것처럼 보이게 하는 것이다. 특히 민감한 내용을 전달할 때는 꼭 그래야 한다. 민감한 내용의 메일을 동네방네 떠벌리듯 보내버리고 '보내기 취소' 기능이 있으면 좋겠다는 생각을 한 적이 있을 것이다.

또한 사람들은 메일을 잘 정리하지 않는다. 받은 편지함에 메일이 너무 많이 쌓여서 보는 것만으로도 부담스럽고 압도되어버린다. 심하면 검색 기능을 사용해도 원하는 이메일을 찾지 못하는 경우가 생긴다. 결국 일일이 모든 이메일을 확인할 수는 없으니 포기해버린다. 이런 상황을 방지하기 위해서는 4D(Do, Delegate, Defer, Delete) 시스템이 필요하다. 4D 시스템을 사용하여 모든 이메일을 과감하게 처리하라. 당신의 목표는 받은 편지함을 빈 상태로 유지하는 것이다.

- **Do(하라)**
빨리, 쉽게 처리할 수 있는 일, 또는 긴급하거나 매우 중요한 일은 답장을 보내거나 '즉시 처리' 폴더에 넣어둬라.

- **Delegate(위임하라)**
다른 사람에게 지시하고 나중에 내용의 복사본을 확인하라.

- **Defer(연기하라)**
중요하지만 당장 답장하지 않아도 되는 이메일은 보관하라.

- **Delete(삭제하라)**
즉시 삭제하라. 영원히!

자, 지금 이메일이 왔다고 치자. 중요하지 않은 내용이면 '일반' 폴더에 넣어둬라. 이 폴더는 일주일에 두세 번만 확인하라. 필요할 때까지 보관했다가 나중에 검색하면 된다. 긴급한 메일은 즉시 답장을 보내고 '즉시 처리' 폴더로 이동시켜라.

긴급하지는 않지만 중요한 메일은 오자마자 반사적으로 처리하지 말고 하루에 두 번, 분주한 시간을 피해 집중할 수 있을 때 꼼꼼히 읽어라. 그다음 '답장 대기' 폴더로 이동시키고 당신이 직접 처리할지 위임할지를 결정하라. 불안하다면 당신이 미리 답장을 작성하고 위임할 사람에게 전달하라. 그래야 문제가 발생하지 않고 마음도 편하다. 더불어 당신을 대신해 이메일을 보내는 사람도 그 이메일을 중요하게 생각하여 특별히 신경 쓸 것이다.

'답장 대기' 폴더의 이메일은 종종 당신이 관리하거나, 평가하거나, 후속 조치를 하라. 하루에 한 번은 폴더를 점검하고 위임된 메일이 잘 처리되었는지 확인하라. 처리가 완료된 메일은 '처리 완료' 폴더에 보관하라. 하나 추가하자면 '홍보/마케팅' 폴더를 만들어 모든 비즈니스, 마케팅, 광고, 서비스, 홍보 관련된 메일을 몰아서 저장하라. 특별히 할 일이 없는 시간에 하나씩 확인하면서 레버리지에 도움이 될 만한 업체들을 탐색하는 것도 좋다. 물론 다른 일이 긴급할 때는 그냥 삭제해도 좋다.

캘린더

캘린더 시스템을 이용하라. 나는 아웃룩Outlook이나 구글 캘린더 Google Calendar를 주로 사용한다. 일반적이지 않거나 잘 알려져 있지 않은 캘린더는 버그가 생길 수도 있고, 다른 사용자들과 동기화하기 어렵기 때문에 사용하지 않는 게 좋다. 캘린더를 당신이 사용하는 모든 기기에 동기화시키고 언제든 액세스 가능하게 하라.

사실 나는 심각한 기계치다. 검색을 하거나 프로그램을 설치하는 작업을 좋아하지 않는다. 구글 첫 번째 페이지에서 검색되지 않는 콘텐츠는 내게 존재하지 않는 것이나 다름없다. 이런 나도 하는데 당신이 못할 리 없다. 당신이 만약 프로그램과 친하고 컴퓨터 다루는 일을 좋아한다면 다행이지만, 그렇지 않다면 아는 사람 중에 컴퓨터를 잘 다루는 사람에게 부탁하라.

웹 드라이브

웹 드라이브를 사용하여 원격으로 액세스할 필요가 있는 자료들을 저장하고 공유하라. 드롭박스^{Dropbox}가 가장 보편적이고 사용하기 쉽다. 세계 어느 곳에서나 제한 없이 대용량의 프레젠테이션, 비디오, 오디오를 공유할 수 있다.

SNS

페이스북, 트위터, 인스타그램 등 당신이 주기적으로 접속하는 모든 SNS를 관리할 사람을 고용하라. SNS는 실시간으로 댓글을 달고, 공유하고, 마케팅 작업을 수행할 수 있는 가장 저렴하고 효과적인 툴이다. 나는 유능한 SNS 전문가 한 명이 몇 사람 몫의 성과를 내는 경우를 많이 봤다. 더불어 당신이 직접 그 일을 하지 않음으로써 시간을 낭비하거나 SNS 중독자가 되는 것을 막을 수도 있다.

은행 업무

이제 대부분의 은행이 독자적인 애플리케이션을 운영하고 있기 때문에 편리하게 계좌를 관리할 수 있다. 약간의 시간만 들이면 세계 어느 곳에서나 즉시 돈을 보내고 받을 수 있다. 심지어 전자 서명 시스템으로 주택을 매매하는 일까지 원격으로 가능하다. 과거에는 돈을 입금하거나 출금하는 일이 굉장히 번거롭고 자유를 구속하는 일이었지만 이제는 그렇지 않다. 하나의 애플리케이션으로 모든 은행 계좌를 관리할 수도 있다. 당신의 모든 금융 거래가 한 번의 탭으로 처리된다.

전자 상거래

은행 애플리케이션뿐만 아니라 페이팔PayPal 같은 온라인 결제 툴이 쏟아져 나오고 있다. 당신은 이제 모든 전자 상거래를 세계 어디서나 하나의 툴로 결제할 수 있다. 심지어 신용 카드나 직불 카드만으로도 돈을 빌릴 수 있다.

오디오북과 전자책

오디오북과 전자책 덕분에 책을 들고 다니지 않아도 세계 어느 곳에서나 필요한 것을 배울 수 있다. 전자책 단말기 킨들Kindle은 책을 쉽게 구입하고 저장할 수 있는 기능을 제공한다. 여행을 하거나, 운동을 하거나, 긴 줄을 서거나, 교통 체증에 붙잡혀 있을 때, 혼자 쇼핑을 할 때도 책을 읽을 수 있다.

또한 기존의 펜과 종이 대신 오디오 레코더를 사용하여 정보를 저장할 수 있다. 혹은 이미지 문서의 텍스트를 카피할 수 있는 텍스트 읽기 애플리케이션과 음성을 녹음할 수 있는 레코딩 애플리케이션도 있다. 이제 모바일로 해결하지 못할 일이 없는 시대가 왔다.

오피스 서버

내 글로벌 레버리지 라이프의 마지막 퍼즐은 사무실 벽을 허물고 직원들에게 공간을 제공하는 것이었다. 하루에 고작 두세 시간 정도였지만, 나를 사무실에 묶어둔 것은 내 존재의 중요성을 확인하고 현장에서 모든 걸 통제하고 싶은 욕구였다. 그러나 이제 원격 접속을 통해 어디서든 드라이브에 액세스할 수 있게 되었다. 와이파이만 있으면 된다. 만약 당신이 편집증 환자라면 사무실 컴퓨터의 카메라를 원격 조정하여 직원들을 엿볼 수도 있겠지만 절대 추천하지는 않는다.

암호 보호

웹사이트와 결제 대행 프로그램에 아이디와 비밀번호를 입력하는 것만큼 짜증스러운 일도 없다. 해킹하기 어려운 암호의 필요성은 알겠지만, 암호가 많을수록 기억하기 어렵다는 게 문제다. 나는 메모 애플리케이션에 모든 아이디와 비밀번호를 적어둔다. 또한 아이디와 비밀번호를 가장 어려운 것 하나로 통일했다. 비밀번호는 당신이 기억하기 쉬운 독특한 것이어야 하고, 해킹하기 어려운 것이어야 한다. 보안이 필요 없는 사이트는 자동 로그인 상태를 유지하라. 그러나 결제 관련 사이트에서는 이런 방법을 사용해서는 안 된다.

원격 컨트롤

레버리지 라이프스타일을 추구하게 되면 당신은 아마도 당신이 원할 때, 원하는 사람과 함께 여행을 많이 하게 될 것이다. 그러나 여행을 자주 가려면 비어 있는 집의 경비를 관리할 수 있어야 한다. 집 안팎에 CCTV를 설치하면 다른 나라에 있는 동안 당신의 휴대폰을 통해 실시간으로 확인할 수 있다. 나아가 전등과 TV와 음악을 켜고 끌 수 있고 난방, 잠금장치를 컨트롤하고 심지어 커튼을 열고 닫을 수도 있다. 처음에는 단순한 호기심으로 몇 가지 설치했지만, 지금은 빼놓을 수 없는 내 라이프스타일의 한 부분이 되었다.

부의 격차를 줄이는 가장 빠른 방법

현대는 그 어떤 시대보다 외국어를 배우기 쉬운 시대다. 당신이 영어를 모국어로 사용하지 않는다면 아마 영어를 배우고 싶을 것이다. 대부분의 나라가 주로 영어를 사용하고 주요 강대국과의 무역을 위해서는 더더욱 영어가 필수다. 그러나 세상이 변하면서 중국의 영향력이 커졌기 때문에 미래에는 지금 중국인들이 영어를 배우는 것처럼 영국인과 미국인도 중국어를 배울 것이다. 이미 전 세계적으로 중국어를 배우는 사람이 늘어나고 있다.

오디오 영어 학습 프로그램을 구입해서 운전 중에, 줄을 서 있을 때, 산책할 때, 헬스클럽에서 운동할 때 들어라. 오디오의 모든 내용을 습득하려고 하지 말고 배경 음악처럼 틀어놓고 무의식 속에 스며들게 하라. 한 가지 흥미로운 얘기를 덧붙이자면, 내 원고를 교정해주는 유능한 편집자인 하이디는 내가 오디오로 언어를 배우는 것에 대해 지적했다. 그녀는 이렇게 말했다.

"나는 언어 전문가로서 당신의 공부법에 반대해요. 오디오나 비디오로 언어를 배우는 것보다 직접 사람을 대하면서 배우는 게 훨씬 더 효과적이라는 게 증명된 지 오래예요."

그녀의 조언을 듣고 나서 나는 한 가지 방법을 떠올렸다. 공부하고 있는 언어권의 나라로 여행을 갈 일이 생기면 그 나라에서는 모국어를 사용하지 않고 그 나라의 언어만 사용한다는 규칙을 정했다. 현지인에게 말을 걸며 오디오로 배운 언어 스킬을 실전에서 훈련했더니 학습 효과는 실로 엄청났다.

속독

우리는 좋든 싫든 먹고살기 위해 무언가를 읽어야 한다. 사람들이 하루 동안 글을 읽는 데 사용하는 시간은 평균 한 시간이라고 한다. 남보다 빨리 읽고 이해할 수 있다면 그만큼 시간을 절약할 수 있다. 반대로 읽는 속도가 느리면 그만큼의 시간과 기회비용을 잃어버리는 것과 같다. 읽는 속도를 높이는 방법은 간단하다. 속독을 배우면 된다. 속독은 훌륭한 레버리지 기술이다. 속독가들은 1분에 1,500개 이상의 단어를 읽는다고 한다. 통계에 따르면 개인 유형별 속독 평균은 다음과 같다.

- 대학생 분당 450단어
- CEO 분당 575단어
- 대학교수 분당 675단어
- 속독가 분당 1,500단어
- 세계 속독 우승자 분당 4,700단어

위의 데이터를 바탕으로 평균적인 사람이 1분에 400개 정도의 단어를 읽을 수 있다고 가정해보자. 24시간으로 치면 약 2만 4,000개, 1년이면 876만 개가 된다. 읽는 속도를 두 배로 높이면 하루에 추가로 2만 4000개의 단어를 더 읽을 수 있다. 1년이면 876만 단어다. 책으로 치면 1년에 175권을 더 읽는 것과 같다. 시중에 많은 속독 학원과 교재가 있으니 도전해보자. 하루에 몇 분만 연습하면 읽는 속도를 몇 배로 높일 수 있다.

몇 가지 간단한 팁을 주겠다. 글을 읽을 때 입으로 소리를 내지는 않지만 머릿속으로 한 단어 한 단어씩 찍어 내듯이 읽는 사람이 있는데, 속독을 위해서는 물 흐르듯 자연스럽게 직관적으로 읽어야 한다. 약간의 연습이 필요하겠지만 습관이 되면 읽는 속도가 월등히 향상될 것이다. 방금 읽은 문장을 다시 읽기 위해 전 페이지로 되돌아가지 마라. 이해하지 못했어도 그냥 넘어가라. 그다음 문장의 맥락을 통해 행간을 읽는 능력을 키워야 한다.

무의식을 믿고 그냥 계속 읽어나가라. 한 줄 한 줄 눈으로 따라가며 읽지 말고 시야에 들어오는 전체를 하나의 덩어리로 읽어야 한다. 습관이 되면 받아들이는 속도가 훨씬 빨라진다. 나는 이것을 '책을 먹는다'라고 표현한다. 내가 속독 전문가는 아니지만 시간을 투자해서 속독 기술을 익혔더니, 처음보다 읽는 속도가 두 배 이상 향상됐다.

오디오북

독서에 시간을 투자하면 새로운 세상이 열린다. 책을 읽기 위해 무조건 시간을 할애해야 한다. 책 읽기에 빠지면 갑자기 아마존에서 많은 책을 구입하게 되고, 서재가 읽지 않은 책으로 가득해질 것이다. 나 역시 자기계발서를 읽기 시작한 후부터 인생이 180도 바뀌었다. 사실 나는 결코 책을 빨리 읽는 편이 아니었고 읽는 것도 별로 좋아하지 않았다.

그런 내게 가장 높은 생산성을 가져다준 것이 바로 오디오북이다. 두 배속으로 들으며 헬스클럽에서, 여행을 하면서, 집에서 휴식을 취하면서, 글을 쓰면서, 요리나 청소를 하면서 시도 때도 없이 들었다. 처음 두 배속 버튼을 발견했을 땐 좋아서 소리를 질렀지만, 머릿속에 잘 들어오지 않아 몇 번이고 되감아 들었다. 그래서 뇌가 두 배속을 받아들일 수 있도록 쉬운 책이나 예전에 읽었던 책 위주로 들었다. 시간이 지나자 이제 두 배속은 내게 기본 속도가 되었다. 오히려 원래 속도로 들으면 가벼운 뇌졸중에 걸린 사람이 말하는 것처럼 느리게 느껴진다.

나는 오디오북을 통해 무의식 속에 성공을 프로그래밍했다. 하루에 평균 다섯 시간씩 오디오북을 들으며 109권의 책을 머릿속에 집어넣었다. 다른 일도 하면서 동시에 545시간을 학습한 것이다. 당신도 하루빨리 오디오북에 익숙해져라. 오디오북은 자녀들과 함께 들을 수도 있어서 교육용으로도 훌륭하다. 아이들을 학교에 데려다줄 때 자동차 안에서 자연스럽게 듣게 할 수도 있다. 나는 아들과 차 안에서 골프 교육 오디오를 듣는다. 일찍 시작할수록 자녀들이 더 수월하게 따라올 것이다.

마인드 대청소

___

프린스턴 대학교의 뇌과학 연구소는 시각과 정보 처리 능력의 상관관계에 대해 다음과 같은 연구 결과를 발표했다.

'가시 범위에 동시에 존재하는 여러 가지 자극들은 시각 시스템의 제한된 처리 능력을 위해 활동을 상호 억제한다.'

이것을 일반적인 표현으로 바꾸면 이렇다.

'환경이 어수선할 때 뇌는 당신의 집중력을 떨어뜨린다. 또한 어수선한 환경은 정보를 처리하는 뇌의 능력을 제한하고 집중력을 분산시킨다. 어수선하지 않고, 정돈되고, 평온한 환경에서 일하는 것보다 정보를 잘 처리할 수 없게 만든다.'

이것은 개인적인 공간에도 해당된다. 어떤 공간이든 관리하지 않으면 시간이 지날수록 잡동사니가 쌓이게 마련이다. 당신의 방을 떠올려 보라. 쓸모없는 물건들은 정신을 산만하게 만들고 심리적 소모의 원인이 된다. 이메일 보관함, 다이어리, 사무실, 지하실 등이 불필요한 것들로 가득 채워지면, 심리적 불안감이 당신을 압도할 것이다. 봄맞이 대청소를 하는 것처럼 당신의 업무 공간에도 대청소가 필요하다. 그래야 말끔한 마음가짐으로 집중할 수 있다. 구체적으로 나열하자면 다음과 같다.

- 책상 정리하거나 버려라.
- 다이어리 오래된 반복 업무 항목은 삭제하라.
- 스팸 문자 중요하지 않은 모든 사이트로부터 탈퇴하라.
- 소지품 팔거나 자선 단체에 기부하라.
- 자동이체 마지막으로 확인하고 사용하지 않는 것은 해지하라.

당신의 집중을 방해하는 어떤 것을 제거할 수 있을지 상상해보자. 환경이 깔끔하게 정리되면 뇌 활동이 향상된다. 이것은 분명한 사실이다. 1년에 두 번 정도 비즈니스에 영향을 주지 않는 선에서 마인드 대청소를 하라. 새로운 기분을 느낄 수 있고, 목표와 비전을 향한 길에서 장애물이 사라질 것이다. 생산적으로 일할 수 있는 편안한 환경을 만들기 위해 사무실, 받은 편지함, 옷장, 그 외에 가능한 모든 것을 정리하라. 하나 팁을 주자면 청소하면서 오디오북을 듣는 것도 좋다.

중복 습관 버리기

중복은 시간을 가장 많이 낭비하게 만드는 요인 중 하나다. 한 가지 결과를 얻기 위해 같은 업무를 두 번 이상 반복하는 것은 삶을 소모하고 좌절감을 느끼게 한다.

당신은 중요한 서류를 작성하거나 프레젠테이션 자료를 만들다가 컴퓨터가 고장 나거나 파일을 날려버린 경험이 있을 것이다. 기분이 어땠는가. 아마도 컴퓨터를 부숴버리고 싶었을 것이다. 중복 비용보다 더 문제가 되는 것은 특정 업무의 중복으로 인한 연쇄적인 기회비용의 가중이다. 일주일에 한 시간만 업무의 중복이 발생한다고 해도 40년이면 2,080시간을 낭비하게 된다. 다시는 되돌릴 수 없는 시간이다.

비즈니스에서 가장 왜곡된 개념 중 하나는 '실수를 하는 것은 괜찮지만 같은 실수를 두 번 반복해서는 안 된다'는 것이다. 사람들은 같은 실수를 두 번만 반복하지 않는다. 변할 수밖에 없는 상황에 처할 때까지 같은 실수를 117번 반복한다고 한다. 분노 조절 장애를 가지고 있는 사람이 한 번 화를 냈다고 해서 부처가 되지는 않는다. 큰 계기가 될 만한 사건이 일어나서 변할 수밖에 없는 상황에 부딪힐 때까지는 평생 화를 내면서 살아갈 것이다.

나의 어머니는 40년 동안 담배를 끊지 못하셨다. 그런데 제마가 첫 아이를 임신하자 하룻밤 사이에 담배를 끊었다. 담배를 피우는 것보다 더 큰 가치를 갖게 되었기 때문이다. 굉장하지 않은가. 요컨대 사람들은 자신의 본성과 습관에 길들여져 있기 때문에 실수를 반복할 수밖에 없다. 중복되는 습관을 바꾸기 위해서는 중복에 대한 인식과 지속적인 피드백, 수정, 이해, 배제가 필수적이다. 다음은 중복의 원인들이다.

자각과 피드백의 부족

무엇이 중복되고 있는지 인식하지 못하면 중복은 영원히 계속될 것이다. 끊임없이 자기 자신과 구성원들에게 무엇을 시작하고, 무엇을 중단하고, 무엇을 계속해야 할지 질문하라. 그렇게 하면 당신은 중복과 낭비가 없는 상쾌한 기분을 느낄 수 있다.

시스템과 업무 집중화의 부재

중요한 이메일을 삭제해버린다거나, 컴퓨터 파일을 찾는 데 시간이 오래 걸린다거나, 필요할 때 패스워드를 잊어버린다거나, 서류나 파일을 찾지 못한다거나, 노트북을 분실한다거나, 같은 업무를 반복한다거나, 가입 일자를 잊어버리는 등 반복되는 실수를 나열하면 끝이 없다. 업무 중복을 피할 수 있는 핵심적인 방법은 시스템을 통한 업무의 집중화다. 데이터, 패스워드, 파일, 서류 등의 자료를 하나의 웹 드라이브에 집중시켜라. 그러면 일상적인 중복 업무의 상당 부분을 해결할 수 있다. 전문가들이 이 방법을 사용하는 이유는 업무의 효율성을 증가하고 시간 낭비를 줄이는 데 이만한 방법이 없기 때문이다. 나열하자면 이렇다.

- 자료 라벨링
- 당일 업무 체크리스트
- 갱신, 기한, 패스워드 전용 다이어리
- 모든 기기에서 액세스 가능한 웹 드라이브
- 자동화(신용카드 사전 입력, 자동 로그인)

몸에 맞지 않는 업무

내가 조사나 연구, 분석 같은 작업을 시도한다면 그것은 고양이가 개처럼 짖거나, 자식이 부모 말을 잘 듣는 경우가 발생하는 것과 같다. 절대 할 리 없다는 얘기다. 이런 게으른 나를 대신하여 이 책을 만들기 위해 부지런히 조사하고, 분석해준 수니프에게 정말 진심으로 감사한다. 나는 이런 작업을 싫어하고 잘 못하지만, 수니프는 이런 작업을 좋아하고 누구보다 잘한다.

나는 기업가로서 구성원들이 여러 가지 업무를 경험하게 하는 것이 레버리지를 높이는 방법이라고 생각했다. 그러나 현실은 달랐다. 잘 못하고 싫어하는 업무를 어쩔 수 없이 하다 보니 결과적으로 좋지 않은 성과를 냈다. 이처럼 훌륭한 인재에게 몸에 맞지 않는 업무를 지시하거나 부적당한 역할을 맡기면, 인재는 평범한 사람이 되거나 보통 사람보다 더 미숙한 사람이 된다. 업무 역할에 대한 명확한 설명과 지시, 적절한 배치는 인적 레버리지의 핵심이다. 당신이 필요로 하는 사람의 유형을 알아야 이전에 중복되고 낭비되었던 시간을 절약하고 효율적인 레버리지를 구축할 수 있다.

훈련과 연습 부족

중복을 줄이려면 효율적인 훈련과 연습이 필요하다. 이것은 당신의 핵심 결과 영역KRA에 반드시 포함되어야 한다. 그렇지 않다면 지금이라도 포함시켜야 한다. 쉽지 않겠지만 해야만 하는 일이다. 그래야만 이전의 습관을 새롭고, 혁신적으로 전환할 수 있다.

처음엔 키보드를 보지 않고 타자를 치는 것처럼 어색하고 느리고 굼뜰 것이다. 독수리 타법보다 시간이 더 오래 걸릴지도 모른다. 당신은 당장 처리해야 할 업무를 위해 예전 방식으로 돌아가고 싶은 유혹을 느낄 것이다. 그러나 매일 조금씩 연습하고 훈련하면 얼마 지나지 않아서 숙달하게 된다. 그렇게 되면 당신은 낭비와 중복을 없애는 새로운 습관을 형성하게 된다.

레버리지 사고방식이 습관이 될 때까지는 수평적 사고와 반복 훈련이 필요하다. 나아가 구성원을 독립적인 의사 결정자로 만들기 위해서는 당신을 통하지 않고서도 직접 시스템에 접속할 수 있는 권한을 부여해야 한다. 올바른 프로세스가 구축되지 않았거나, 당신이 권위를 이용하여 구성원의 의견을 무시한 채 의사결정을 한다면, 구성원들과 당신 사이에는 항상 절차의 중복과 불신이 발생할 것이다.

비전, 기획, 조직화의 부족

브라이언 트레이시에 따르면, 10분에서 12분간 계획을 점검하는 것만으로 100분에서 120분의 노력을 절약할 수 있다고 한다. 이는 중복과 낭비를 예방하는 데도 동일하게 적용된다. 최대의 레버리지와 최소의 중복을 위해서 당신은 VVKIK를 지속적으로 점검해야 한다.

이것은 교통 체증을 피하기 위해 다른 경로를 탐색하는 방법이며, 시간을 절약하여 짜증스러운 기분을 피하는 방법과 같다. 시간낭비를 최소화하기 위해 업무를 일괄 처리하라. 집중에 도움이 되는 쾌적한 환경을 조성하라. 한 번의 클릭으로 모든 일을 처리할수 있게 하라. 최적의 시간에 최고의 능률을 발휘하고 유지할 수있게 하라.

분주함, 성급함, 혼란

성급함은 항상 더 많은 실수를 만들고 그 일을 다시 처리해야하는 상황에 부딪히게 한다. 혼란은 이전에 했던 일이나 지금 필요한 것을 찾지 못하게 만든다. 너무 분주해서 전략적으로 생각하지 못하는 것은 어리석은 일이다. 정신없이 분주하게 일하는 것은 레버리지와 정반대의 방식이다. 우리는 열심히 분주하게 일하는 것이 올바른 것인 양 자신을 속인다. 그러나 열심히 할수록 더 잘못된 방향으로 갈 수도 있다는 사실을 알아야 한다.

요약하자면 업무의 중복은 당신을 좌절시키고, 시간을 낭비하게 하고, 결국 당신의 돈을 사라지게 만든다. 하루빨리 어디에서 중복이 발생하는지 파악하고, 데이터를 하나로 통일하고, 적절한 사람들이 적절한 업무를 수행하게 하고, 프로세스를 통해 효율적인 업무 처리를 할 수 있도록 훈련해야 한다. 정신없고 부산하게 일하는 상황을 피하라. 계획을 세우고 전략을 짜는 시간을 만들어라. 더 오래 능률을 유지할 수 있도록 집중하라.

비행기 조종법을 배워라

어떤 취미 활동은 우리의 인생에 커다란 변화를 가져다주기도 한다. 경주용 자동차 면허를 따거나, 마술을 배우거나, 뮤지컬 공연을 하거나 그 외의 특별한 기술을 배우는 것이 그런 취미에 포함된다. 나는 어릴 때 에어울프Airwolf라는 TV 드라마를 빠짐없이 보면서 비행기 조종사를 꿈꿨다. 솔직히 그 꿈이 현실이 될 거라고는 생각하지 않았다.

그러나 레버리지 라이프 덕분에 나는 헬리콥터 자격증을 딸 수 있었다. 이 사실은 말할 수 없는 기쁨과 지속적인 만족을 주고 있다. 일생 동안 간직했던 유년시절 꿈의 성취, 특별한 기술을 습득한 것에 대한 자신감, 그리고 약간의 자아도취까지.

물론 당신에게 비행기 조종을 하라는 말은 아니다. 그러한 꿈이 있다면 지금 당장 시작하라고 권하는 것이다. 현재 가지고 있는 돈이 많지 않다면 천천히 꾸준하게 배워도 된다. 주변 사람들에게 모든 선물을 꿈에 관련된 것으로 받겠다고 선언하라. 당신이 하고 싶은 일이 있다면, 그리고 그 일이 주변 사람들에게 이익을 주고 레버리지 라이프에 부합되는 일이라면 지금 바로 시작하라.

나의 또 다른 꿈은 세계 기록을 보유하는 것이었다. 세상에는 기발한 기록이 많기 때문에 남들이 전혀 관심을 갖지 않는 분야에서 기록을 세우고 싶었다. 그러나 쉽지 않았다. 나보다 더 집요한 사람들은 수없이 많았다. 그러다가 세계에서 가장 긴 연설 기록이 37시간이라는 것을 알아냈다.

현재 나는 52시간이라는 세계에서 가장 긴 연설 기록을 보유하고 있다. 또한 팀 마라톤 연설 120시간이라는 기록도 보유하고 있다. 물론 이 기록은 언젠가 깨질 것이다. 그러나 기록을 세우는 과정에서 우리는 약 2억 원의 기금을 모아 자선 단체에 기부했다. 더불어 두 개의 세계 기록을 보유하고 있다는 사실은 저녁 식사 모임에서 훌륭한 대화 주제로 사용되고 있으며, 나를 실제의 나보다 더 멋지게 보이게 하는 효과를 얻었다. 이 또한 훌륭한 레버리지다.

4장

후천적
부자의 탄생

LEVERAGE

타인의 가치를
돈으로 바꾸는 방법

펩시 사장을 고용한 스티브 잡스

리더십과 경영은 서로 뗄 수 없는 관계다. 리더십을 레버리지 방식으로 정의하면 '가치 있는 목표를 성취하기 위해 다른 사람들의 노력을 집결하고 최대화하는 사회적 영향력'이다. 리더십과 경영은 손과 장갑처럼 서로 긴밀하게 협조하는 사이며 음과 양처럼 서로 보완하는 관계다. 경영에만 너무 집중하면 사람을 리드할 수 없기 때문이다.

리더는 방향을 설정하고, 비전을 세우고, 신뢰 가는 가치를 창조함으로써 다른 사람들로 하여금 따르고 싶게 만든다. 리더는 그들중 적임자를 선별하여 최고의 팀을 결성해야 한다. 세상에서 가장 어려운 일 중 하나다. 하지만 다행히 리더십도 레버리지 할 수 있다. 훌륭한 관리자들을 고용하여 경영 기술을 활용하고, 효율적인 시스템을 통해 구성원을 올바른 목적지로 안내한다면 어떤 분야에서든지 최고가 될 수 있다.

리더는 최고의 팀을 구축할 책임이 있다. 여기에 성과와 시간 확보의 성패가 달렸다. 최고의 축구 감독은 다른 구단으로 이적할 때 매니저, 물리 치료사, 통계 전문가들로 구성된 코치진을 함께 데려간다. 스티브 잡스는 중요한 단계에서 주요 인사를 영입하거나 퇴출시키는 것으로 악명이 높았다. 펩시 사장 자리를 버리고 신생 기업으로 이직하기를 망설이던 존 스컬리John Scully는 스티브 잡스의 "인생이 끝날 때까지 설탕물을 팔겠나, 나와 세상을 바꾸겠나?"라는 물음에 망설임 없이 애플로 이직했다고 한다.

당신은 훌륭한 팀과 함께 일해야만 레버리지 방식으로 살아갈 수 있다. 혼자 칵테일을 홀짝거리면서 노트북으로 일하는 삶을 홍보하는 광고는 나태하고 망상에 빠진 이상주의자들의 판타지다. 그들은 일하지 않고, 가치를 부여하지 않고, 어떤 책임도 지지 않으면서 많은 돈을 벌 수 있다며 세상을 기만한다. 혼자만의 힘으로 성공을 거두거나, 사회에 공헌하거나, 큰 변화를 일으킬 수 있는 사람은 없다.

나는 언젠가 동네 카페에서 여유롭게 커피를 마시고 있었다. 그때

한 여성이 나를 알아보고 내 직원이 몇 명이냐고 물었다. 그녀는 내가 친구와 둘이서 창업했던 때를 기억하고 있었다. 내가 사십 명 정도라고 말하자 그녀는 놀라서 마시고 있던 커피를 뿜으며 물었다.

"와! 직원이 사십 명이나 되는데 밤에 잠이 와요?"

나는 어리둥절해서 대답했다.

"직원이 사십 명이나 되니까 편하게 잘 수 있죠."

그녀에게 직원은 문젯거리, 비용, 귀찮은 책임이었던 것이다. 그녀를 보면서 아버지가 떠올랐다. 술집을 운영하며 힘들게 일하던 시절의 아버지는 내게 종종 이렇게 말했다.

"아들아, 비즈니스에서 가장 힘든 두 가지는 고객과 직원이란다."

대부분의 자영업자가 이러한 냉소적인 생각을 가지고 있다. 처음 사업을 시작한 사람은 보통 이상주의적이고 순진하다. 나쁘다는 게 아니다. 오히려 좋은 일이다. 이상적이지 않은 사람은 사업을 시작하지도 않는다. 그러나 기업가로서 성장하려면 레버리지 스킬이 있어야 한다. 처음 시작하는 기업가는 비용을 절감하고 하루빨리 기반을 잡아야 한다는 생각에 모든 일을 혼자 해내려고 한다. 그 근면성이 성장에 가장 큰 걸림돌이 될 수 있다. 대부분의 기업가들이 실패하는 이유가 바로 이것이다. 이름만 기업주일 뿐 실제로는 자신의 지시를 받는 노동자, 노예인 것이다.

팀과 비전, 시스템은 기업을 성장시키는 데 가장 중요한 요소다.

그리고 그 비전을 위해 업무를 수행하고 시스템을 운영하는 것은 결국 팀 구성원이다. 그러므로 팀 구축이 성장을 위해 가장 중요한 요소라고 할 수 있다. 나는 종종 이런 질문을 받는다.

"롭, 만일 다시 시작할 수 있다면, 어떤 방식으로 일하기를 원합니까?"

나는 좋아하는 일을 하면서 수십억 원 이상의 소득을 얻었다. 그런데 왜 다른 방식으로 일하고 싶겠는가. 하지만 더 일찍 시작했으면 좋았을 거라고 생각한 것은 있다. 바로 인적 레버리지다.

다시 시작할 수 있다면 나는 실제적인 목표 없이 무작정 열심히 일하는 대신, 인재 고용에 더 많은 시간을 투자할 것이다. 혼자 감당할 수 있더라도 비서, 재무 담당 이사 등 성장에 필요한 사람들을 더 빨리 고용할 것이다. 훌륭한 사람들을 찾아냄으로써 내가 가장 잘하는 일을 할 시간을 확보하고, 내가 가장 못하는 일을 레버리지 하고, 더 많은 원동력을 만들어낼 것이다. 인력이 필요해질 때까지 기다리다가 더 많은 비용을 발생시키는 오류를 저지르지 않고, 미리 사람들을 준비시키고 그들에게 동기를 부여할 것이다.

기업가나 인사 관리자들이 흔히 하는 실수는 무의식적으로 전형적인 인재를 고용하는 것이다. 나는 그런 경우를 많이 봤다. 확실히 증명된 실력이 있는 건 아니지만 열정은 있는 사람 또는 경험은 없지만 열심히는 일하는 사람은 보통 1, 2년 동안은 좋은 성과를 올리지만 결국 오래 버티질 못했다. 생각해보면 나도 창업을 하기 전에 똑같은 과정을 지나왔다. 1년 동안 누군가를 위해서 열심히 일했지만 금세 탈진해버린 경험이 있다.

사업을 처음 시작했을 때의 나는 나와 비슷한 성향의 사람에게 끌렸고 그런 사람들을 고용했다. 보고 싶은 것만 본 것이다. 자신의 왜곡된 실재를 유일한 실재인 것처럼 믿었다. 결과적으로 잘못된 고용 방식이었다. 그러나 경험이 없는 기업가들은 대부분 그런 방식으로 사람을 고용한다. 이제 나는 사람을 고용할 때 몇 가지 기준을 세우고 체크한다.

- 원하는 유형의 사람과 원하지 않는 유형의 사람을 명확히 파악한다.
- 같은 유형의 사람을 고용하지 않고, 역할에 알맞은 사람을 고용한다.
- 부적응자로 보이는 사람, 스타일이 확실한 사람, 서로 다른 기술과 전문성을 가진 사람으로 팀을 구축하고, 다양성이 산출할 창의적인 결과를 예측한다.

역대 가장 창의적이고 혁신적인 밴드라고 불리는 라디오헤드 Radiohead는 앨범을 만들 때 서로 극렬하게 논쟁을 벌이는 것으로 유명하다. 리드 보컬 톰 요크Thom Yorke는 전통적인 음악성과 현대적인 음악성을 모두 가지고 있었고, 리드 기타리스트 조니 그린우드Jonny Greenwood는 고전적이고 테크니컬한 연주 기법을 추구했다. 그들은 한 밴드의 멤버로서 자주 의견 충돌을 일으켰고 때로는 해체의 위기를 겪기도 했다. 톰은 가장 큰 인기를 얻은 앨범의 음악적 성격에서 벗어나기를 원했고, 다른 멤버들은 같은 성격의 앨범을 더 많이 만들기를 원했다. 나는 서로의 음악적인 차이를 인정하고 존중하면서 창의적 갈등을 일으키는 태도가 지금의 라디오헤드를 만들어냈다고 생각한다.

나는 당신의 팀이 이 밴드처럼 되기를 원한다. 멤버가 자신의 악기를 기술적으로 훌륭하게 연주하여 각자의 개성과 능력을 발휘하기를 원한다. 기타리스트와 베이시스트는 다른 역할을 담당하지만 두 사람 모두 곡을 연주하는 데 꼭 필요하다. 드럼 연주자는 뒤에서 계속 비트를 넣으면서 음악을 리드한다. 때로는 베이스가 리드하기도 한다. 때때로 솔로 연주가 좋을 때도 있지만, 대체로 밴드 음악을 좋아하는 이유는 부분보다 전체가 더 훌륭한 연주를 만들어내기 때문이다.

팀 구축에 있어서도 마찬가지다. 당신이 싫어하는 일들을 모두 아웃소싱하거나 공동 투자하라. 각자의 위치에서 함께 연주하는 것이다. 이 방법으로 당신에게 걸림돌이 되는 것들로부터 벗어난 다음 좋아하고 잘할 수 있는 일을 더 많이 하라.

이제 당신만의 리더십 스킬을 계발해야 한다. 장점은 극대화하고 단점은 보완하고, 나머지는 아웃소싱하여 그 일을 수행할 사람을 고용하라. 당신만의 비전을 창조하고, 판매하고, 공유하라. 사람들을 목적지로 이끌어라. 팀원에게 관심을 갖고, 그들의 가치를 발견하고, 가치를 충족시키는 여정으로 안내하라. 진정한 고취는 잘못된 동기부여나 일시적인 동기부여와는 완전히 다르다.

실패를 되돌리는 마지막 장치

피드백은 단지 리더의 입장에서가 아니라 팀 전체의 관점에서 모든 일이 올바른 방향으로 움직이고 있는지 점검하기 위한 견제 장치다. 우리는 자신도 눈치채지 못한 사이에 어떤 일을 잘못된 방식이나 시간이 오래 소모되는 방식으로 진행하고 있을 가능성이 높다. 아니면 조직이 애초에 잘못된 방향으로 움직이고 있거나 어느 방향으로도 가지 못하고 멈춰 있을 수도 있다. 리더 혼자 날고 있다고 생각하고 팀은 죽어가고 있을 수도 있다.

피드백은 비전을 향한 진행 과정을 정확하게 평가하는 유일한 방법이자 실패를 되돌릴 수 있는 마지막 장치다. 변화와 혁신을 만드는 올바른 환경은 피드백이 활성화된 조직 환경이다. 피드백을 할 때는 특정인을 공개적으로 공격하고 비난해서는 안 된다. 지나치게 감정적인 피드백은 항상 얻는 것보다 잃는 것이 많다. 그것은 당신의 시간, 돈, 직원, 고객을 잃게 하는 악감정을 불러일으킨다. 모든 사람이 당신처럼 열심히 일하고 당신만큼 업무에 관심을 가질 수는 없다. 사람은 각자 자신의 기준에 따라 살아가기 때문에 오로지 당신의 기준에 따라 판단해서는 안 된다.

리더 역시 자신의 방식에 대한 구성원들의 피드백을 받아들여야 한다. 리더라고 해도 가감 없이 수용하고, 포용하고, 요청할 수 있어야 한다. 물론 어려운 일일 것이다. 그럼에도 더 겸손하고 현명하게 구성원의 피드백을 경청하고 숙고해야 한다. 리더가 스스로 피드백을 받아들이지 않는다면 누가 리더의 피드백을 진지하게 받아들이겠는가.

절대로 당신의 자아가 조직의 걸림돌이 되는 일이 없도록 해야 한다. 그것만이 문제를 해결하고, 구성원에게 기여할 수 있는 방법이다. 리더가 피드백하는 요령만 잘 숙련해도 조직은 크게 성장할 것이다. 효율적인 경영 구조를 만들고, 더 짧은 시간에 더 많은 일을 해내기 위해서는 피드백 구조를 조직화하여 구성원들의 손을 잡고, 그들을 이끌고, 그들을 지지하고, 그들이 목적지에 도달할 수 있도록 합리적인 결정을 내려야 한다.

질문이 아닌 제안을 요구하라

팀의 규모가 커질수록 구성원을 관리하고 비전을 전달하는 일은 어려워진다. 많은 경영 전문가들은 한 명이 관리할 수 있는 최대 인원을 여섯 명에서 일곱 명으로 꼽는다. 그 이상 관리해야 할 인원이 많아지면 관심과 주의를 기울이는 정도가 줄고 압박감이 증가하여 효율적인 관리가 어려워진다.

그래서 리더는 관리자에게 비전을 제시하고, 자율권을 제공하고, 직접 일정을 조정할 수 있도록 해야 한다. 그들이 제대로 일을 수행하지 못하더라도 간섭하거나 중재하고 싶은 충동을 최대한 억제해야 한다. 그들을 고용하거나 업무에 합류시킨 것은 당신의 믿음과 신뢰다. 그들은 훌륭한 성과로 당신을 놀라게 할 수도 있다.

리더는 현장 업무에서 벗어나 경영에 돌입하면 새로운 도전에 직면하게 된다. 구성원들에게 '아무 때나 내게 물어보라'라고 말하는 대신 '다른 사람에게 물어보라'라고 말해야 한다. 조직의 규모가 커질수록 당신은 모든 곳에 있을 수 없기 때문에 이제껏 발로 뛰며 만들어왔던 변화를 더 이상 만들 수 없다. 당신과 밀접한 관계를 유지했던 사람들은 단절감을 느끼고 당신으로부터 분리되기 시작할 것이다. 그들을 돕고 지지하는 일은 줄여가면서 새로운 영역을 개척해야 하는 상황에 맞닥뜨릴 것이다. 구성원들이 스스로 해답을 찾아내고, 문제를 해결하고, 다른 사람에게 도움을 얻을 수 있도록 장려해야 한다. 그러나 자칫하면 갈등과 거부 반응을 일으킬 수도 있으니 주의해야 한다.

이러한 과정을 거치는 동안 구성원의 일부는 성장하고 일부는 떠나갈 것이다. 당신도 그 과정을 통해 성장해야 한다. 더 많은 것을 포기하고, 더 많은 실수를 수용하고, 더 장기적인 비전을 바라봐야 한다. 마이크로 매니지먼트micro management(미시 관리)를 매크로 매니지먼트macro management(거시 관리)로 발전시켜야 한다. 이제 구성원들에게 질문이 아닌 제안을 요구하라. 그들이 문제를 해결할 수 있도록 신뢰하고, 최고의 능력을 발휘할 수 있는 충분한 공간과 자율성을 제공하고 끊임없이 격려하라.

타인의 가치 속에서
자신을 발견하라

리더십은 당신이 이루고자 하는 일을
다른 사람이 자발적으로 하도록 만드는 기술이다.
— 드와이트 아이젠하워

'당신의 삶에서 가장 중요한 것은 무엇인가?'라는 질문을 이용해서 당신의 팀원에게 가장 중요한 가치가 무엇인지 알아낸 다음 그것을 기반으로 동기를 부여하고 격려해야 한다. 나아가 그들의 가치를 충족시키는 업무를 제공하거나 당신의 비전 중에서 그들의 가치와 부합되는 일을 발견해야 한다. 그래야 그들에게 가치 있는 일을 제공하면서 당신의 비전도 이룰 수 있다. 이것이 진정한 리더십의 시작이다.

자동 항공기에 조종사가 필요한 이유

항공기는 자동 위성 항법 장치를 사용하지만, 항로를 이탈하지 않을 때보다 이탈할 때가 더 많다. 왜 그럴까. 다음 글은 항공기의 메커니즘에 대해 설명해준다.

'항공기는 따라야 할 항로가 정해져 있지만, 평균적으로 모든 항공기가 비행시간의 95퍼센트가 넘는 시간 동안 항로를 벗어난다. 그러면 위성 장치가 이탈을 알려주고 기내 시스템이 항로를 재수정한다. 그러나 항로를 수정해도 여러 외부 요인으로 인해 항공기는 또 항로를 벗어나게 된다. 이러한 과정은 비행하는 동안 끊임없이 반복된다.'

여기서 우리는 조종사의 능력이 필요하다는 것을 알 수 있다. 기기는 스스로 작동하지만, 기기가 잘 작동하는지 확인하고 항로 수정을 보조하는 것이 조종사의 역할이다. 조종사는 추가적인 정보를 얻기 위해 하늘의 상태를 스캔하고, 다양한 채널로부터 상황을 파악하여 항공기가 적절하게 항로를 수정할 수 있도록 통제한다.

날씨, 국경, 이동하는 철새 등의 요인도 항공기에 위협이 될 수 있다. 항공기가 최선의 항로 수정을 하려면 이러한 부가적인 인풋까지 고려해야 한다. 가끔 항로를 완전히 이탈하기도 한다. 때때로 테러의 대상이 되거나 예측하지 못한 상황에 빠지기도 한다. 그래서 조종사는 잠재적인 문제를 예방하기 위해 항로를 변경하거나, 제트기류를 타는 등 독자적으로 항공기를 통제해야 한다. 이 예시를 리더십과 기업 운영에 어떻게 적용할 수 있을지 생각해보자.

지시와 부여의 차이

당신이 권위를 내세워 구성원을 강제로 레버리지 하려고 하면 그것이 아무리 달콤한 말로 포장되어 있더라도, 당신에게 반감을 가질 것이다. 마지못해 업무를 처리하거나 마음속으로는 일이 잘못되기를 바라면서 열의 없이 아무렇게나 업무를 수행할 것이다. 구성원들에게 당신의 가치를 부여하는 더 수준 높은 방법은, 구성원들이 프로세스를 만들고 계획하는 일에 스스로 참여하게 하고, 발언권을 갖게 하고, 프로젝트를 만들어 그 프로젝트의 일부가 되게 하는 것이다.

구성원에게 신뢰와 책임감을 부여하라. 스스로 리드할 수 있도록 신뢰하라. 지시하기 전에 제안하라. 훌륭한 아이디어를 이끌어 내고, 그 아이디어의 소유권을 부여하라. 누구나 비현실적인 마감기일을 싫어한다. 그들 스스로 일정을 결정하게 하고 시간적인 여유를 주면, 그들은 훨씬 분발해서 일할 것이다. 길고 지루한 회의는 줄이고 짧고 정기적인 회의를 통해 진행 상황을 점검하라.

항공기를 조종하는 것처럼 구성원이 항로를 벗어나는 실수를 하지 않도록 진행 방향을 확인하라. 데이터를 꾸준히 체크하고 조율하라. 전체가 책임을 지는 것은 당연한 일이지만 두 사람 이상 책임을 맡거나 아무도 책임을 맡은 사람이 없으면 모두가 핑계를 대거나 누군가 희생양이 될 수 있다. 한 사람이 팀을 리드하되 누구도 희생양이 되어서는 안 된다. 당신이 안전장치를 제공하면 그들은 주인의식을 가지고 업무 방향과 경영에 책임감을 느낄 것이다. 힘든 작업과 빡빡한 마감 일정을 자발적으로 수용하고, 당신의 비전과 일치하는 성과를 얻으려 할 것이다. 이 프로세스 요약하면 다음과 같다.

- 자율권을 부여하라.
- 스스로 아이디어를 생각해냈다고 느끼게 하라.
- 마감 일정에 대해 그들이 제안하고 동의하게 하라.
- 업무 진행 상황을 파악하기 위해 간식을 곁들인 짧은 회의를 하라.
- 프로세스 전반에 걸쳐 리포팅을 하게 하라.
- 한 사람이 전체 프로젝트를 책임지게 하라.

회의를 위한 회의는 회의가 아니다

회의를 충분히 하지 않으면 누가 어떤 일을 하는지 파악할 수 없다. 반대로 회의를 너무 자주 하거나 오래 진행하면, 회의에 대한 회의에 대한 회의를 하게 된다. 회의에도 전략이 필요하다. 회의를 할 때는 먼저 안건을 한 문장으로 요약해야 한다. 더불어 회의 시작 전에 구성원들에게 회의 방향을 제시하는 몇 개의 시안을 보내라. 그리고 각자의 의견과 요점을 정리한 다음 참석하게 하면 진행이 훨씬 수월해진다.

회의 진행 시간도 미리 정해야 한다. 그래야 회의가 길어지지 않고 내용이 분산되지 않으며 일관성 있게 진행된다. 회의 진행자를 지정하여 회의 내용이 주제에서 벗어나지 않도록 책임을 부여하고, 회의 종료 10분, 5분, 2분 전이라는 사실을 알리게 하라. 회의가 만족스럽게 끝나지 않았더라도, 정해진 시간 안에 무조건 끝내야 한다. 나중에 다시 하면 된다.

회의 참석자 중 한 명은 회의 내용을 모두 기록해야 한다. 회의 시간에 이루어진 활동과 활동의 주체를 기록하고 차후에 세부 사항을 점검하여 제출하게 하라. 어떤 활동이 이루어졌고, 어떤 활동은 이루어지지 않았는지, 그 이유가 무엇인지는 다음 회의에서 검토하라. 이를 요약하면 다음과 같다.

- 안건을 한 문장으로 요약하라.
- 진행자를 정하라.
- 회의 시간을 미리 정하라.
- 무조건 제시간에 끝내라.
- 회의록을 작성하라.

애플이 망하지 않는 이유

언젠가 내 멘토 중 한 사람이 이렇게 말했다.

"롭, 지금까지 당신을 성공으로 이끈 비결은 앞으로의 당신을 성공으로 이끌지는 못할 것입니다."

알버트 아인슈타인은 '우리가 문제를 만들어냈을 때 사용했던 생각으로는 현재의 문제를 해결할 수 없다'라고 말했다. 이 두 가지 말은 기업의 여정을 알기 쉽게 요약하고 있다. 기업을 운영하는 데는 많은 원칙이 필요하지만 유일한 상수는 변화와 혁신이다. 기업은 성장하기 위해 계속 변해야 한다. 그렇지 않으면 발전하지 못하고 쇠퇴한다. 성장하기 위해서 고통스러운 과정을 겪는 것은 지극히 정상적인 일이다. 말처럼 쉬운 일은 아니지만 이보 전진을 위한 일보 후퇴를 받아들일 수 있다면 변화를 위한 자격은 충분히 갖춘 것이다.

기업이 변하기 위해서 필연적으로 거쳐야 할 과정이자 기술이 있다. 바로 '놓아주기'다. 2013년, 미국 최대 유통업체 월마트Walmart의 직원 수는 220만 명이었다. 샘 월튼Sam Walton 대표는 사업이 확장되면서 더 이상 혼자서 모든 운영을 감독하고 직원들을 점검하는 일을 할 수 없다고 느꼈다. 그래서 그는 주요 관리자들이 자신의 의견을 개진하고 월마트의 가치에 따라 일할 수 있도록 신뢰하고 의존하기로 했다. 현재의 월마트는 어떤가. 망했는가?

규모가 어떻든 모든 기업은 과도기를 겪는다. 스티브 잡스가 사망했을 때 나는 애플이 이전과 같은 방식으로는 세계를 장악할 수 없을 거라고 예상했다. 누구도 잡스의 리더십과 감각을 따라잡을 수 없을 거라고 믿었기 때문이다. 그러나 지금까지는 내 예상이 틀렸다는 것이 증명됐다. 애플이 지속적으로 성장 가능했던 이유는 스티브 잡스가 자신의 가치를 구성원들에게 전수했기 때문일지도 모른다. 시간이 지나면 밝혀지겠지만 외부적으로 보기에 애플은 건재하다. 나는 지금도 맥으로 이 글을 쓰면서, 아이튠즈로 다운로드한 음악을 듣고, 아이폰으로 일정을 관리하고 있다.

많은 기업가가 성장을 위한 갈림길에 놓인다. 어떤 이는 '놓아주기'를 할 수 없다고 생각한다. 그들은 고객들이 자신의 방식을 더 원하고 필요로 한다고 믿는다. 비즈니스에 대해 자신보다 더 관심이 있고 잘할 수 있는 사람은 없다고 생각한다. 미안하지만 그건 엄청난 착각이다. 이는 그저 일시적인 매출 감소와 성장에 수반되는 고통, 단절, 고객 감소를 두려워하는 것일 뿐이다. 그래서 마치 1인 밴드처럼 혼자 모든 일을 처리하려고 한다. 레버리지와는 거리가 먼 방식이다. 하지만 그들이 두려워하는 것도 무리는 아니다. 변화에는 분명 수많은 위험이 도사리고 있다. 내 말은 무작정 손놓고 자생적인 성장을 기원하라는 말이 아니다. 변화에도 전략이 필요하다. 예를 들자면 이런 것이다.

변화를 관리하라

과감한 변화를 통해 성장하겠다는 마음가짐을 가져라. 당장의 수익보다 성장을 위한 전략에 더 많은 시간을 투자하라. 일상적인 운영에서 벗어나 개인 비서와 주요 관리자들을 고용하고, '변화를 관리'하는 데 초점을 맞춰야 한다. 최초의 비전은 무엇이었는지, 비전을 성취한 후는 어떻게 할 건지, 어떤 시스템이 필요할지, 구성원을 어떻게 훈련할지를 VVKIK를 기반으로 점검하고 평가하라.

부정적인 결과를 수용하라

기업의 성장 과정에서 마찰은 당연히 일어난다. 고객의 일부를 잃을 수도 있고, 이전 방식을 고집하는 구성원들과 그렇지 않은 구성원들 사이에서 분열이 일어날 수도 있다. 이것은 마치 사이가 좋지 않은 배우자와 결별하는 과정과 같다. 상대가 화를 내거나 떠날까 봐 두려워서 결별을 피하는 이들이 생각보다 많다. 그러나 대부분 상황이 더 악화되면서 결국 결별할 용기를 내게 된다. 한동안은 힘든 시간을 보내겠지만 점점 마음의 안정을 되찾고, 나중에는 더 일찍 끝내지 않은 것을 후회하게 된다. 경영도 마찬가지다. 빨리 내려놓을수록 비효율적인 운영에서 벗어나 레버리지 하는 삶을 살아갈 수 있다.

자신의 안목을 믿어라

당신이 하기 싫거나, 할 수 없거나, 하지 않아도 되는 일은 놓아줘야 한다. 전문가가 당신의 상품과 서비스를 판매하고, 은행 계좌를 관리하고, 청구서를 처리하고, 데이터베이스에 있는 고객 리스트를 꺼내어 마케팅하도록 허락해야 한다. 이런 중요한 일들을 레버리지 한 뒤에도 성장세를 유지한다면 변화를 통한 발전에 성공한 것이다. 중요한 일은 신뢰할 수 있는 인재에게 맡겨야 한다. 탁월한 인재를 고용하면 업무를 인계할 때 문제가 발생할 리스크가 줄어든다. 그들은 일을 더 쉽게 배우고, 깔끔하게 처리하고, 타인의 실수를 수용하고, 마찰 없이 전략적인 변화를 만들어낸다.

구성원에 대한 신뢰는 경영 개혁에서 가장 중요한 요소다. 구성원을 신뢰하면 그들의 업무에 끼어들거나 간섭할 마음이 들지 않는다. 세세한 부분까지 간섭하는 경영 방식은 조직의 사기를 저하시킨다. 당신이 먼저 구성원을 신뢰하라. 그러면 그들은 당신의 신뢰에 부응하기 위해 행동할 것이다. 애초에 신뢰하지 않으려면 왜 고용했는가?

그래도 불안하다면 일단 작은 것부터 내려놓자. 예를 들면 재정 담당자를 고용하여 은행 계좌를 관리하도록 할 때, 사용할 수 있는 최고 액수를 제한하는 것이다. 서명할 수 있는 최대 액수를 설정하고 신뢰가 쌓일수록 점차적으로 늘려가라. 크게 생각하고 작게 시작하는 것이다. 비전에 초점을 맞추고 역할에 적합한 직원을 고용하면서 성장의 부정적인 결과를 가져올 요소를 예방하라.

인재를 방치하지 마라

인적 레버리지는 하루아침에 가능한 일이 아니다. 다른 사람이 당신의 일을 인수하도록 교육하는 과정이 필요하다. 당신은 그들이 그 과정에 참여할 수 있도록 관심을 기울이고 변화를 받아들일 수 있는 시간을 주어야 한다. 그리고 이러한 과정이 쉽지 않을 거라고 솔직하게 말해야 한다.

변화를 좋아하지 않는 사람도 있을 것이다. 그럼에도 가장 큰 변화를 만들기 위해 새로운 비전이 필요하다는 것을 이해시키고 설득해야 한다. 일단 시간을 주어야 한다. 당장 모든 일이 당신의 상상대로 진행될 거라고 기대하지 마라. 공정하고 합리적인 시간이 필요하다. 혁신의 과정에서 발생하는 실수를 수용하는 시간이다. 이 기간에는 실수를 용납하고 지지해주어야 한다.

바쁘다는 핑계로 이 과정을 주먹구구식으로 처리하는 기업가가 많다. 그들이 비즈니스를 현명하게 운영하지 못하는 이유가 바로 이것이다. 자신을 도와줄 중요한 사람들을 코칭하고, 훈련하고, 지원하는 시간을 뒤로 미루는 것만큼 어리석은 경영은 없다. 고용만 하고 교육하지 않으면 결과적으로 더 혼란스러운 상황이 벌어지게 된다. 우선순위의 구분이 사라지고 장기적인 비전보다는 단기적인 손실을 막거나 당장의 수익을 올리는 일에만 시간을 빼앗기게 된다. 너무 바빠서 교육을 빼먹는 것은 마치 너무 바빠서 성장하지 않겠다는 말과 같다. 지금 당장 다이어리에 교육을 위해 절대 타협할 수 없는 불변의 시간을 적고 '삭제 불가' 또는 '지우지 말 것'이라고 써넣어라.

고집부리지 말고 귀를 열어라

당신이 일을 잘 처리하고 있는지, 변화를 잘 받아들이고 있는지를 어떻게 점검할 수 있을까. 유일한 방법은 내부 피드백을 통해 평가하는 것이다. 혼자 모든 일을 처리하려고 하는 기업가는 자신이 비즈니스에 대해 다른 사람들보다 더 잘 알고 있다고 생각한다. 그러나 그것은 사람들 앞에서 실수를 하거나 나약하고 부족하게 보이는 것을 두려워하는 마음에서 비롯된 판단이다. 혹은 '직원들이 내 비즈니스에 대해 뭘 알아?'라는 오만한 생각에서 비롯된 것일 수도 있다. 진정한 변화를 만들어내려는 기업가는 이처럼 편협하고, 자아도취적이고, 심지어 자신이 전지전능하다는 사고방식을 거부한다. 그들은 다른 사람에게 묻고, 답변을 듣고, 그것을 반영한다.

이 책의 제목은 내가 생각해낸 것도, 선택한 것도 아니다. 내가 참여하는 커뮤니티의 설문 조사를 토대로 결정된 것이다. 많은 사람의 제안과 수정과 동의를 거친 끝에 탄생했다. 이러한 과정을 거쳤기 때문에 독자들에게 더 가깝게 다가갈 수 있을 거라고 생각한다. 만약 내 멋대로 선택했다면 분명 형편없는 결정이었을 것이다. 책의 내용도 동료들이 겪는 어려움을 관찰하고 해결하고 도움을 주는 과정에서 영향을 많이 받았다.

피드백을 반복해서 강조하는 이유는 삶을 레버리지 하는 데 피드백 만큼 중요한 요소가 없기 때문이다. 문제를 해결하고, 조율하는 데 있어서 실무자와 멘토의 피드백은 엄청난 변화를 가져다준다. 말했다시피 당신은 모든 것을 알 수 없고 항상 올바른 해답을 발견할 수 없다. 많은 사람이 리더를 올바른 해답을 내놓는 사람이라고 생각하지만, 나는 그것이 리더의 역할이라고 생각지 않는다.

리더의 역할은 구성원이 조직의 비전에 동화될 수 있도록 그들에게 관심을 기울이는 것이다. 구성원들로부터 더 많은 피드백을 듣고, 아이디어를 총합하여 올바른 길을 찾아야 한다.

과하지 않은 비판은 귀중한 양식이 된다. 정당한 비판을 수용할 때 성장에 필요한 양분을 얻을 수 있다. 해답은 모든 곳에 있다. 내면의 아집에서 벗어나야 한다. 정당한 비판을 당신의 비전에 반영하고 전략으로 활용하라. 모든 피드백을 반영하라는 것은 아니지만 현명한 피드백을 자체 평가의 메커니즘으로 선별하여 사용해야 한다. 피드백을 열린 마음으로 수용하는 것이 진정한 리더의 자격이다. 당신에게 피드백하는 사람들의 마음이 편안하다면 당신은 이미 발전적인 환경을 조성한 것이다.

때때로 당신은 잘못된 길을 가고 있다는 사실을 모를 수도 있으며 자신이 무엇을 모르고 있는지 모를 수도 있다. 이것을 인정해야 한다. '피드백은 챔피언의 아침 식사'라는 말이 있다. 더 이상 건방 떨지 마라.

기꺼이 욕먹어라

다른 사람들이 당신의 '황당하고 망상에 가까운 비전'에 대해 어떤 말을 하더라도 신경 쓰지 마라. 세상에 비판만큼 쉬운 것도 없다. 당사자가 보지 않는 곳에서는 누구든 비판한다. 당신도 하지 않는가.

결국 결과가 좋으면 그런 말들은 저절로 사라진다. 담대한 마음을 가져라. 다른 사람들이 당신에 대해서 어떻게 생각하는지는 당신이 신경 쓸 일이 아니다. 그건 오히려 그들의 문제다. 그들은 당신이 어떤 사람인지, 어떤 일을 경험했는지, 어떤 희생을 했는지 모른다. 타인의 요구와 비판에 부화뇌동하고 지나치게 귀를 기울이면 비전으로부터 점점 멀어지게 된다. 비판과 비평을 명예로운 배지처럼 옷에 달고 다녀라. 그래 봐야 그들이 당신을 비난하는 동상을 만들 것도 아니고, 그 비판자가 당신보다 그 일을 더 잘할 리도 없다. 열린 마음으로 비판을 수용하라. 비판을 성장의 여정으로 받아들이고, 지속적으로 피드백을 받고, 배우고, 발전하라. 진실한 피드백은 받아들이고 나머지는 흘려버려라.

싫다고 말하라

놀랍게도 많은 사람이 싫다고 말하는 것을 매우 어렵게 생각한다. 술집을 운영하던 아버지는 내게 만취한 사람은 항상 문제를 일으키기 때문에 아예 서빙을 하지 않는 게 최선이라고 말했다. 나는 아버지가 옳다는 걸 알면서도 거절할 용기가 없어서 만취한 손님에게 항상 맥주를 가져다줬다. 아버지는 맥주를 쏟고 다른 손님들에게 행패를 부리는 그들을 내쫓았다. 나는 그럴 때마다 자신이 너무 나약하고 어리석게 느껴졌다. 이런 나와 비슷한 성격을 가진 사람들은 거절하지 못하는 태도 때문에 불행과 분노를 느낀다. 다른 사람들을 위해 좋아하지도 않는 일을 하기 때문이다. 직장에서도 마찬가지다. 마치 순교자라도 된 것처럼 과도한 업무를 떠맡고, 어떤 것도 제대로 해내지 못하고, 거절하지 못하는 자신과 그런 자신을 이용하는 상대방을 원망한다.

당신은 다른 사람들이 당신을 어떻게 생각하고 어떤 말을 할지 두려워한다. 갈등을 피하고 싶어 하며 상대방이 당신에게 거절당했다고 느끼거나 당신이 그들을 도와주고 싶어 하지 않는다고 생각할까 봐 불안해한다. 그러나 대부분 괜한 걱정이다. 그저 당신의 의견, 인식 또는 망상일 뿐이다. 무리한 요구를 받았을 때는 공손한 태도로 이렇게 말하라.

"기회를 주셔서 감사합니다. 저에게 도움을 청해주신 것은 잊지 않겠습니다. 진심으로 도와드리고 싶지만 지금은 할 일이 너무 많아서 도와드릴 수가 없습니다. 나중에 기회가 되면 저를 기억해주세요."

얼마나 친절한가. 이렇게 말한다고 잘못되는 건 아무것도 없다. "네, 괜찮습니다"라는 대답을 들을 뿐이다. "오늘은 안 되겠네요" 혹은 "감사합니다만 이 일은 지금 제가 할 일이 아닌 것 같네요"라고 말해도 좋다. 거절하지 못해서 바쁘고, 압도당하고, 스트레스를 받고, 기진맥진한 상태에 놓여 있다면 그것은 당신 스스로 만들어 낸 상황이라는 것을 깨달아라. 그렇게 과중한 일을 떠맡은 사람은 바로 당신이다. 책임질 일을 만든 것도 당신이다. 아직 읽지 않은 수천 개의 이메일이 오게 만든 사람도 당신이다. 이런 상황을 다시 만들지 않기를 원한다면 정중하게 거절하라. 거절 없이는 발전도 없다.

당신만의 사단을 구축하라

팀을 구축하고 숙련된 네트워크를 활용하는 것은 레버리지 라이프를 살아가기 위한 가장 중요한 기술이다. 네트워크는 당신의 자산에 직접적인 영향을 미친다. '자신과 가장 많은 시간을 보내는 다섯 사람의 합계가 곧 자신이다'라는 말이 있다. 가장 많은 시간을 함께 보내는 사람들을 관찰하라. 어떤 사람을 네트워크에서 빼고 추가할 것인지를 전략적으로 생각하라. 필요하다면 그룹을 바꿔라. 당신은 그룹에서 가장 돈과 경험이 부족한 사람이어야 한다. 그래야 당신과 비즈니스 수준이 비슷하거나 낮은 사람들보다 더 빨리 성장할 수 있다.

처음 비즈니스를 시작할 때는 주변의 지원이나 가이드가 없으면 외롭고 힘들다. 살면서 형성되는 네트워크가 가장 큰 레버리지를 제공하기 때문에 네트워크를 형성하고 파트너십을 개발하는 일이 항상 최우선 순위가 되어야 한다. 레버리지 라이프를 위해 필수적인 조직 구성을 알려주겠다.

자본가

은행, 파트너, 크라우드펀더Crowdfunder, 사설 대출기관, 고액 자산 보유자와 관계를 맺고 유지하라. 자본가들의 플랫폼을 장악하여 자본 유동성과 확장성의 기회를 만들어라. 자본 접근성이 높을수록 당신은 더 빠르고 크게 성장할 수 있다. 비즈니스 확장, 투자 유치, 자산 구축을 위해서는 자본가 네트워크 확보가 필수적이다. 비즈니스를 성장시키기 위해서는 이윤의 재투자가 필요하다. 비즈니스 자금은 당신 혼자 조달할 수 없다.

개인 비서

비서는 팀에서 가장 중요한 사람이다. 모든 일을 최대한 빠르게, 당신이 필요하다고 생각하기도 전에 준비하는 존재가 있다고 생각해보라. 기업가들이 가장 흔하게 저지르는 실수는 비즈니스 위에서 일하지 않고 비즈니스 안에서 일하는 것이다. 기업은 필연적으로 성장 속도가 느려지는 시기를 맞이하게 되는데, 내가 아는 성공한 기업인들은 모두 그런 시점에서 훌륭한 비서를 고용하여 도움을 받는 것이 현명한 방법이라는 것을 알고 있었다.

정보의 제한이 많았던 산업 시대에는 고용조차 쉬운 일이 아니었지만 현재 우리가 살고 있는 시대는 아웃소싱 웹사이트를 통해 전 세계 사람들을 시간 단위, 일 단위, 주 단위, 월 단위, 년 단위로 고용할 수 있다. 말 그대로 전 세계 어느 곳에서나 업무별로 팀을 구성할 수 있는 것이다. 상대가 원하는 보수와 당신이 원하는 보수가 맞기만 하면 된다. 실제로 리스크도 거의 없다.

당신은 아직 그럴만한 경제적 준비가 되지 않았다고 생각할 수 있다. 그러나 일단 아웃소싱 사이트에 접속해서 소소한 일들을 대신해줄 사람을 고용해보라. 처음에는 시험적으로 당신이 싫어하는 일 중에서 쉽고, 시간이 너무 오래 걸리지 않는 일을 아웃소싱하라. 단순 기록, 프레젠테이션, 리서치, 온라인 구매, 장소 예약, 시스템 설정, 청소, 정원 관리, 웹 디자인, 브랜딩, 택배 작업 등이 있다. 이런 작업들은 신속하고 손쉽게 아웃소싱할 수 있다. 비록 당신이 그 일을 스스로 처리할 수 있더라도 나중에 크고 중요한 업무를 레버리지 할 때를 대비하기 위함이다. 더불어 다양한 아웃소싱을 통해 인재를 찾기 위한 시스템을 테스트하고, 구축된 관계를 유지하는 법을 연습할 수 있다. 실제로 급작스럽게 레버리지가 필요한 상황이 닥치면, 너무 바쁘고 정신적인 부담이 크기 때문에 시간과 노력이 더 많이 필요하다. 당신에게 꼭 도달해야 할 비전이 있다면, 전문 비서들에게 부수적인 업무를 위임하고 중요한 비즈니스에 집중할 시간을 확보해야 한다.

가능한 한 빨리 당신의 모든 업무를 관리할 진짜 비서를 구해야 한다. 훌륭한 비서는 당신이 할 수 있는 최고의 투자다. 그들은 급여 대비 몇 배의 역할을 해낸다. 비전을 향해 나아갈 수 있도록 당신을 자유롭게 해준다. 소문에 따르면 리처드 브랜슨에게는 다섯 명의 비서가 있었다고 한다. 현재 나에게는 두 명의 비서가 있다. 솔직히 말해서 그들의 도움이 없었으면 나는 내 생활을 제대로 통제하지 못하고 폭발해버렸을 것이다.

내가 처음 고용한 직원은 나의 동업자인 마크의 어머니 캐서린이었다. 캐서린은 아들을 위해서 최선을 다했다. 그녀는 시간과 비용 대비 효과가 매우 높은 레버리지였다. 나는 마크에 대한 캐서린의 사랑을 레버리지 한 것이다. 캐서린은 6년 동안 우리를 위해 일했다. 그렇다면 내가 두 번째 고용한 사람은 누굴까. 바로 나의 어머니다. 어머니는 10년이 넘도록 우리와 함께 일했고 지금도 일하고 있다. 이제 이 일을 나보다 더 사랑하신다. 무엇보다 더 좋은 건 이전보다 어머니를 훨씬 더 자주 만날 수 있다는 사실이다. 이것은 레버리지가 준 가장 큰 선물 중 하나다. 그다음엔 나를 대신해 부동산을 매입할 중개인을 낮은 기본급과 높은 성과급을 지불하는 조건으로 고용했다.

사람을 고용한다는 것에 부담을 느끼지 마라. 처음 한두 번이 힘들 뿐이다. 나는 인건비를 지급할 돈이 없을 때도 레버리지를 얻기 위해 사람을 고용했다. 이제와 돌이켜보면 훨씬 더 빨리 실행할 수 있었는데 그러지 못한 게 아쉽다. 그러나 당신은 나처럼 시행착오를 겪지 않아도 된다. 내 실수를 레버리지 하여 나보다 더 빠르게 성과를 얻어라. 그것이 돈보다 훨씬 더 중요하다.

중간 관리자

중간 관리자는 기업의 일상적인 운영을 관리하기 때문에 가능한 한 빨리 고용해야 할 중요한 자리다. 당신이 일상적인 운영으로부터 빨리 벗어날수록 더 많이 레버리지 할 수 있기 때문이다. 나는 중간 관리자를 고용하기 전에 약 열 명의 직원으로 구성된 팀을 관리하고 있었다. 지금 생각해보면 직원이 다섯 명일 때 중간 관리자를 고용해야 했다. 더 일찍 고용했더라면 유능한 직원을 잃거나, 업무가 가중되는 혼란스럽고 비생산적인 상황을 겪지 않아도 되었을 것이다.

또 하나 중요한 것은 구성원들에게 언젠가 중간 관리자가 될 수 있다는 비전을 품게 하는 것이다. 그들에게 중간 관리자의 일을 조금씩 가르쳐라. 이런 방법으로 훨씬 더 빨리 목표에 도달하고 현재의 직원들과 더 오래 일할 수 있다. 구성원들에게 승진은 매우 중요한 동기이기 때문이다.

사업의 규모가 어느 정도 커지게 되면 상시 직원을 채용할 수 있는 시스템을 구축해야 한다. 항시 훌륭한 인재를 받아들일 수 있도록 문을 열어둬야 한다. 공석이 생기자마자 인재가 지원할 거라는 생각은 망상이다. 자리가 비어 있지 않더라도 훌륭한 인재를 만날 기회가 있다면 기꺼이 면접을 봐야 한다. 인재를 발견했을 때 바로 채용할 수 있는 환경을 만드는 것이 더 중요하다. 이때 유의해야 할 것은 기존의 팀원들이 자리를 위협받는다는 느낌을 받지 않도록 하는 것이다.

총괄 관리자

총괄 관리자는 더 전략적이고 큰 비전을 가져야 한다는 점에서 중간 관리자와 다르다. 총괄 관리자는 당신으로부터 비전과 전략을 인계받고, 당신의 시간과 정신적 공간을 자유롭게 하고, 당신에게 의존하지 않는다. 총괄 관리자는 더 명확한 비전과 그 비전에 도달할 수 있는 루트를 발명하는 또 한 명의 전략가다. 영국에서는 총괄 관리자와 CEO가 거의 같은 비중의 역할을 맡는다.

내 경우에는 전략적인 기술을 습득하고 큰 비전을 품은 중간 관리자를 총괄 관리자로 승진시켰다. 이처럼 총괄 관리자는 내부에서 승진시킬 수도 있고 외부에서 고용할 수도 있다. 하나 유의할 것은 중간 관리자와 총괄 관리자는 조직의 핵심일 뿐 컨트롤 타워가 아니다. 최고의 조직은 기술자와 전문가를 기반으로 한 조직이다. 회계사, 변호사, 중개인, 마케터, 영업사원, 컨설턴트로 구성된 조직은 낭비를 최소화하고, 가장 짧은 시간에 최고의 성과를 낸다. 그들의 고유한 전문 기술을 레버리지 해야 한다. 그러므로 관리자가 아닌 평직원들과 기술자로 구성된 하부 조직에 더 무게를 두어야 한다. 중간 관리자와 총괄 관리자에게 너무 큰 권리와 책임을 떠맡기면 조직의 균형은 무너진다. 나는 균형 잡힌 조직 구성이 기업을 발전시킨다고 믿는다.

돈이 당신을 위해 일하게 하라

$$\boxed{\textbf{LEVERAGE}}$$

돈은 최고의 하인이면서 최악의 주인이다.

– 프랜시스 베이컨

당신이 돈을 위해 열심히 일할 수도 있고, 돈이 당신을 위해 열심히 일할 수도 있다. 당신이 돈의 노예가 될 수도 있고, 돈이 당신의 하인이 될 수도 있다. 시간을 돈과 바꿀 수도 있고, 당신의 시간을 보존하면서 소득을 창출할 수도 있다. 앞서 말했듯 현대 사회에서 개인의 선택지는 두 가지로 나뉜다. 레버리지 하거나, 레버리지 당하거나.

하나 확실한 것은 가난한 사람과 부자, 노동자와 자본가는 돈에 대해 생각하는 방식, 개념, 태도, 전략, 행동에 근본적인 차이가 있다는 것이다. 다음은 가난한 사람들이 돈을 대하는 사고방식이다.

- 돈을 벌려면 열심히 일해야 한다.
- 돈을 버는 것은 힘든 일이다.
- 돈으로 행복을 살 수 없다. 돈은 사람을 행복하게 만들지 않는다.
- 자본주의는 탐욕적이다.
- 내가 돈을 벌면 친구들은 나를 좋아하지 않거나 비판할 것이다.

이러한 믿음은 당사자에게는 세상의 이치처럼 느껴지겠지만 사실은 자신에게 투영한 거짓된 실재다. 모든 인간은 고유한 삶의 경험, 친구, 가족, 지리적 배경, 교육, 종교, 신념, 매체의 영향을 받는다. 사람은 자신에게 보이는 것이 유일한 실재라고 스스로 설득하려는 습성이 있다. 모든 사람이, 특히 돈에 대한 것일수록 거짓된 실재에 매달린다. 이제는 개인의 실재가 아닌 진정한 실재를 추구하고 그것이 비전에 기여하고 원동력이 되도록 해야 한다. 당신이 좋아하든 좋아하지 않든, 돈이 없으면 비전으로 향하는 삶의 속도는 느려질 것이고, 돈이 있으면 급격히 빨라질 것이다. 다음은 부자들이 돈을 대하는 사고방식이다.

- 돈이 나를 위해 일하게 만들어야 한다.
- 돈을 만들어내는 것은 비교적 쉬운 시스템이다.
- 돈은 거의 무한대로 어디에나 풍부하게 있다.

- 돈은 병을 치료하고 자선을 베풀 수 있게 하며 시간을 되돌려준다.
- 돈은 사람을 행복하게 만든다.
- 진정한 친구라면 더불어 성장할 것이고 아니면 떠나도 상관없다.

많은 사람이 돈에 대해 그릇된 인식을 갖고 있다. 우리는 성장하면서 '돈은 악하다'라는 가난한 사고를 주입받는다. 그러나 그것은 사실이 아니다. 돈은 유익함의 근원이기도 하다. 단, 당신이 그 돈으로 무엇을 해야 하는지, 어떻게 적절하게 사용할지를 아는 것이 먼저다. 부자들의 가치관, 신념, 태도는 가능성에 제한을 두지 않는다. 돈이 자연스럽게 흘러들어오게 한다. 인식만 바꿔도 돈은 비전을 성취하는 데 기여하고 문제를 해결해주는 훌륭한 도구가 된다.

돈으로 돈을 버는 여섯 가지 단계

돈이 흘러들어오게 하는 레버리지는 생산 수단에 시간과 자본을 투자하고, 사람과 시스템에 의해 일이 운영되게 하고, 자신은 운영에서 빠지는 것이다. 당신이 구축할 수 있는 자산의 유형은 다음과 같다.

- 비즈니스(매장, 온라인숍)
- 부동산, 주식, 채권
- 지적 재산권(특허, 라이선스)
- 실물자산(귀금속, 예술품)
- 파트너(투자자, 동업자)

이 중에서 당신을 위해 일하는 것이 하나도 없다면 당신이 돈의 하인으로 일하고 있는 것이며, 시간을 투자하고 보존하는 것이 아니라 낭비하고 있는 것이다. 돈을 사용하는 데는 여섯 가지 단계가 있다. 이 단계를 알맞은 순서로 실행하면 당신은 부를 만드는 지렛대를 형성할 수 있다.

1단계: 소비

기본적인 생활을 위해 필수품에 돈을 소비하는 단계다. 그러나 대부분의 사람은 과소비에 익숙해져 있다. 중독성이 강한 소비 요소를 줄이면 훨씬 적은 돈으로 살아갈 수 있다. 다시 말해서 많은 사람이 '욕구 소비'를 '필요 소비'로 만들고 있다. 실제로 필요한 것은 당신이 필요하다고 생각하는 것보다 훨씬 적다. 욕구 소비는 사람을 가난하게 만드는 원인이다. 가치가 빨리 떨어지고 영속성이 없는 것들에 돈을 소비하게 만든다.

영국의 연금·보험 회사 스코티쉬 위도우즈Scottish Widows에 따르면 영국인 900만 명은 전혀 저축을 하지 않는다고 한다. 이는 전체 인구의 약 15퍼센트에 해당되는 숫자다. 이들 가운데 20퍼센트는 월급에 생계를 의존한다. 또한 영국인의 33퍼센트가 75만 원 미만의 예금을 보유하고 있으며 12퍼센트만이 7,500만 원 이상의 예금을 가지고 있다. 심지어 미국인의 21퍼센트는 저축 계좌조차 없고, 62퍼센트는 저축액이 1,000달러 이하라고 한다.

부자는 소득을 생산적인 상품에 소비한다. 그다음 남은 소득을 소모적인 상품에 소비한다. 그들은 시간과 자본을 보존하고 수익금은 자본 증식을 위해서만 사용한다. 이것이 부자와 가난한 사람의 가장 큰 차이다.

2단계: 저축

돈 관리의 첫 단계는 저축이다. 저축은 부의 토대이자 열매를 맺기 위한 씨앗이다. 돈을 단기적으로 소비하지 않고 만족을 연기하여 부를 형성하는 기본적인 방법이다. 그러나 복리 효과에도 불구하고 저축만으로는 거대한 부와 삶의 비전을 창출할 수 없다. 오직 저축만 하는 방식의 문제점은 모든 혜택을 뒤로 연기해야 한다는 점이다. 레버리지와는 거리가 멀다.

어느 날 나의 온라인 커뮤니티에 매튜 왓슨Matthew Watson이라는 이름으로 질문이 올라왔다.

"롭, 만일 내가 매달 42만 원을 저축한다면 1년에 겨우 원금 504만 원을 저축할 수 있고, 이율은 낮습니다. 복리의 법칙을 믿고 계속 저축을 해야 할까요?"

나의 대답은 이렇다. 예금 이자율을 2퍼센트라고 가정해보자.

1년 후	약 514만 원
3년 후	약 1,573만 원
5년 후	약 2,675만 원
10년 후	약 5,628만 원
15년 후	약 8,890만 원
25년 후	약 1억 6917만 원
35년 후	약 2억 6251만 원
50년 후	약 4억 5620만 원

8,890만 원이 되는 데 15년이 걸렸지만, 마지막 15년 동안에 1억 9,320만 원이 늘어났다. 예금 이자율을 3퍼센트로 잡으면 다음과 같다.

1년 후	약 529만 원
3년 후	약 1,636만 원
5년 후	약 2,811만 원
10년 후	약 6,070만 원
35년 후	약 3억 1223만 원
50년 후	약 6억 1401만 원

예금은 시간이 경과할수록 복리 효과가 강력해지고 처음에는 적은 액수였던 돈이 점점 더 증가해서 마지막에는 엄청난 차이를 만들어낸다. 그러나 큰 수익이 생길 때까지는 오랜 시간이 걸린다. 50년 동안 매달 42만 원을 저축하고 3퍼센트의 이자가 붙는다고 해도 겨우 6억 원이 조금 넘는다. 6억 원의 예금 이자가 5퍼센트라고 쳐도 이자 소득은 1년에 3,000만 원 정도다. 50년 동안의 인플레이션까지 고려하면 큰 가치가 없는 액수다. 50년 전 영국의 평균 주택 가격은 약 519만 원이었다. 현재 이 금액은 중고차 한 대를 살 수 있는 돈이다. 그렇다면 우리는 현재의 연봉으로 50년 후에 무엇을 살 수 있을까? 일주일 치 식품? 이처럼 저축은 더 많은 돈과 레버리지를 향한 여정의 중요한 부분이기는 하지만 그것만으로는 결코 충분하지 않다.

3단계: 투자

저축이 투자보다 앞 단계에 있는 것은 투자가 더 리스크가 크기 때문이다. 만일 당신이 투자한 돈을 탕진하고 그 손실을 감당할 예금이 없다면 거의 모든 것을 잃게 될 것이다. 그러나 기본적인 저축이 있다면, 예를 들어 12개월 동안 생활할 수 있는 돈이 있다면 저축한 돈의 일부를 투자하거나 다시 돈을 벌 기회를 얻을 수 있다.

투자할 때는 상대적으로 지식 장벽과 리스크가 낮은 투자처를 찾아야 한다. 처음에는 당신이 이미 잘 아는 지식을 기반으로 한 투자가 아무래도 실패할 확률이 낮다. 배경지식이 없거나 리스크가 큰 투기적인 투자에 비해 리스크가 적기 때문이다.

경제적인 의미에서의 투자란, 오늘 소비되는 재화가 아니라 부를 창출하기 위해 미래에 사용될 재화를 구매하는 것이다. 재정적인 측면에서의 투자는 자산이 미래에 소득을 제공하거나 더 높은 가격으로 평가되어 판매될 것이라는 예측을 가지고 구매하는 자산이다.

4단계: 투기

투기는 더 큰 보상 가능성과 리스크가 있는 투자다. 많은 사람이 투자라고 생각하면서 사실은 투기를 하고 있다. 그러나 본인들은 인식하지 못하는 경우가 많다. 높은 수익률에 눈이 멀어버렸기 때문이다. 만약 당신이 투자하기 전에 먼저 투기를 한다면 투자액과 예금을 모두 잃어버리는 리스크를 감수해야 한다. 그러므로 투자 기술을 숙련하고 리스크를 줄이는 방법을 배운 다음에 투기의 단계로 나아가야 한다. 그래야 투기로 인한 잠재적인 손실을 보호하고 투자를 다각화할 수 있다. 이때 투기는 투기가 아닌 투자가 된다. 투기와 투자는 한 끗 차이다.

5단계: 보험

보험은 흥미로운 주제다. 당신이 일정한 수준의 부를 얻게 되면 세상은 그 돈의 일부를 취하려고 덤벼든다. 더 많은 물건을 소유할수록 유지비와 도난, 손상의 리스크도 증가한다. 당신의 부를 레버리지 하려는 사람이 늘어날 것이다. 부자의 숙명이다. 개중에는 악의를 가지고 당신에게 다가오는 사람도 더러 있다. 더불어 자선 단체들의 기부 요청이 쏟아진다. 그래서 돈을 버는 것 못지않게 손실이나 공격에 대비하여 보험을 드는 것이 중요하다.

6단계: 기부

위 다섯 단계를 성공적으로 실행한다면 소득의 일부를 기부할 만한 여유와 의미 있는 일에 당신의 시간을 투자할 자유를 얻을 수 있다. 그러나 돈에 대해 죄의식, 두려움, 수치심 등의 가난한 철학을 가진 사람은 너무 일찍, 너무 많은 돈을 기부하는 경향이 있다. 반면 어떤 사람은 지나치게 자기중심적이어서 절대 돈을 기부하지 않는다. 하지만 부를 어느 정도 환원하지 않으면 사회의 균형은 무너진다. 또한 기부했을 때의 만족감은 당신에게 더 큰 성취를 향한 의지를 북돋아준다.

소비를 투자로 바꾸는 법

당신의 소비 습관을 투자 습관으로 바꾸면 큰 레버리지 효과를 얻고, 많은 돈을 절약할 수 있다. 구입하는 모든 소비성 자산을 빚이라고 생각하고 구매할 때마다 투자 정신과 전략을 되새기자. 물건을 구매하기 전에 세 단계의 사고 과정을 거치면 도움이 될 것이다.

1단계: 이 물건 없이는 살 수 없는가?

물건을 사기 전에 스스로 이렇게 질문하라. 정말 이 물건이 필요한가? 꼭 필요한 물건이거나 높은 가치가 있는 물건인가? 아니면 단지 허영심을 만족시키기 위한 물건인가? 매우 단기적인 가치를 위해 장기적인 가치가 있는 물건을 구매하지 못한 경험이 있는가? 명확히 답할 수 없다면 그 물건은 사지 마라.

쇼핑 중독자였던 내가 비효율적인 소비 습관을 고치기 위해 사용한 방법이 하나 있다. 당장 사고 싶은 물건이 있을 때 상품 모델 번호를 확인한 뒤 집으로 돌아와 온라인으로 검색하는 것이다. 그런 다음 자신에게 다시 한 번 묻는다. '정말 필요한가?', '전에 비슷한 물건을 산 적이 있는가?', '3년 후에도 이 물건을 사용할까?'

상품을 즉시 사지 않고 일단 집에 돌아가는 방법을 사용하면 집에 가서 더 좋은 가격으로 살 수 있는 방법을 찾거나, 실제로는 그다지 필요하지 않은 물건이었다는 것을 깨달을 수 있다.

2단계: 다시 되팔 때 손해가 큰가?

시계, 보석, 미술품, 골동품처럼 가치가 상승하는 물건을 산다면 그것은 더 높은 수준의 투자라고 할 수 있다. 명품 가방, 유명 디자이너의 가구처럼 희소성이 있거나 많은 사람이 소유하기 원하는 상품은 가치가 유지되거나 상승한다.

나는 훌륭한 음질의 음악을 듣는 것을 좋아한다. 그러나 아직까지 가치가 상승하는 스피커를 찾지는 못했다. 새로운 음향 장비를 구입하는 것은 내게 매우 큰 만족을 주고 지속적인 기쁨을 가져다준다. 하지만 이런 상품들은 매우 비싸기 때문에 현명하게 구입하지 않으면 큰 손실을 입을 수도 있다. 나는 지금도 고가의 스피커가 들려주는 섬세하고 깊은 소리의 음악을 듣고 있다. 이 스피커의 새 제품 가격은 300만 원이지만 중고로 135만 원에 구입했고 더 좋은 스피커를 구입하기 위해 얼마 전에 105만 원에 팔았다. 두 번째로 산 스피커의 새 제품 가격은 975만 원이지만 나는 1년 된 중고를 525만 원에 구입했다.

누군가는 이 스피커들을 구입하는 게 엄청난 낭비라고 생각하겠지만 자세히 들여다보면 이야기가 달라진다. 내가 첫 번째 스피커에 쓴 돈은 사실상 30만 원밖에 안 된다. 또한 스피커는 새 제품보다 한동안 사용한 제품이 소리가 더 좋다. 그래서 나는 다른 사람이 1년 동안 사용하면서 450만 원 손해 본 제품을 구매했다. 음질은 전혀 떨어지지 않았다. 새것과 다름없는 스피커를 거의 반값에 구매한 것이다. 더불어 나는 6개월마다 시세를 확인할 것이고, 가격이 최대로 떨어지기 직전에 판매한 다음 다른 스피커를 구매할 것이다. 나는 모든 제품을 구매할 때 이런 방식을 사용한다. 당신도 6개월이나 12개월마다 소유하고 있는 물건의 시세를 확인해보라. 중고 거래 사이트, 중고품 보상 판매 제도를 활용하라. 이 방법으로 두 가지 효과를 얻을 수 있다. 하나는 투자에 대해 배우는 것, 다른 하나는 거래의 기술을 익힘으로써 돈을 절약하거나 버는 것이다.

해당 브랜드가 중고품 보상 판매 제도를 운용한다면 좋겠지만 그렇지 않다면 개인에게 팔고 새 제품을 구매하거나, 환율 변동이 있을 때 원화로 팔고 달러로 사거나, 아니면 반대로 원화로 사고 달러로 팔아서 차액 소득을 만들어야 한다. 하지만 이러한 방식으로 절약하기 위해서는 거래의 노하우가 필요하다. 자칫 잘못하면 역으로 레버리지 당할 수도 있다. 레버리지는 하지 않으면 당한다. 감가의 시기를 알아보는 감각과 현명한 거래의 기술을 익히면 더 좋은 제품을 소유하면서 돈을 절약할 수 있다.

3단계: 이 물건을 샀을 때 발생할 기회비용은 얼마인가?

모든 물건을 신용카드로 구입하는 사람과 현금이 있을 때만 물건을 구입하는 사람이 있다. 어떤 사람들은 항상 빚을 지고 어떤 사람들은 항상 저축만 한다. 누가 옳은 것일까? 이 문제는 상황에 따라 다르다. 누가 옳은지 판단하려면 기회비용을 살펴봐야 한다.

당신이 구매하거나 투자한 모든 것에는 기회비용이 있다. 관련된 예로 자동차를 들 수 있다. 어떤 자동차 회사는 낮은 이자율을 내세워 리스 차량을 판매한다. 부가가치세를 포함해도 저렴한 가격으로 고가의 차량을 이용할 수 있는 게 리스의 장점이다. 일부 생산이 중단된 모델이나 폭스바겐처럼 배기가스 조작 스캔들로 평판이 좋지 않은 차종은 훨씬 더 저렴한 가격으로 구매할 수 있다.

당신이 새 차를 7,000만 원에 샀다고 가정해보자. 2년 후 그 차의 가격이 4,200만 원으로 떨어진다면 2,800만 원의 감가상각이 발생한 것이다. 1년에 1,400만 원이다. 거기에 유지비와 판매비, 재산세가 들어간다. 반대로 비슷한 모델의 자동차를 리스로 사용하는 경우를 가정해보자. 한 달에 70만 원을 지불하면 2년 동안 들어가는 총 비용은 1,680만 원이다. 감가상각비용, 판매비, 보험료, 등록세는 들어가지 않는다.

다른 방법으로 같은 모델의 3년 된 중고차를 3,500만 원에 구매하면, 그 후 2년 동안 드는 기회비용은 새 차를 구매했을 때보다 훨씬 적다. 감가상각의 속도가 이미 느려졌기 때문이다. 부가적인 비용에 대해 더 자세히 다루지 않아도 요점은 명확하다. 당신이 구매하거나 투자하는 모든 물건을 소유하기 위해 필요한 실제적인 총비용과 재정비용 따져봐야 하며 그로 인해 발생할 기회비용을 따진 다음에 구매를 결정해야 하는 것이다.

누군가 부를 얻으면
누군가는 부를 잃는다

삶에서 돈은 중요한 게 아니며 가장 가치 있는 것은 절대 돈으로 살 수 없다고 주장하는 사람들이 있지만, 이건 너무 극단적인 생각이다. 화폐라는 보편적인 교환 수단을 사용하는 체계의 자본주의 사회에서 개인의 선택권은 두 가지뿐이다. 돈의 흐름을 이용하여 부를 쌓던지, 돈에 대항해서 싸우다가 결국 부를 쌓은 사람에게 고용되는 것이다. 적어도 불행하지 않은 삶을 살기 위해서는 부의 법칙을 무시해서는 안 된다.

돈을 지배하는 법칙은 실제로 존재한다. 부자들은 그 법칙들을 일찍이 이해하고 레버리지 하지만, 가난한 사람들은 그 법칙의 피해자가 된다. 부는 돈에 가장 작은 가치를 부여하는 사람들로부터 돈에 가장 큰 가치를 부여하는 사람들에게로 이동한다. 다시 말해서 부는 항상 부의 법칙을 아는 사람들에게로 이동한다. 부의 공식은 사실 매우 간단하다. 나는 지구 상에서 가장 부유한 사람들을 관찰하고 연구하여 다음과 같은 공식을 만들었다.

$$부(W) = [가치(V) + 교환(E)] \times 레버리지(L)$$

가치(Value)

가치를 창출하는 일은 다른 사람이 더 빨리, 더 쉬운 방법으로 문제를 해결할 수 있도록 돕는 일이다. 당신이 다른 사람의 문제를 해결하고 서비스를 제공하면 그들은 이익을 얻고, 더 많은 이익을 얻기 위해 당신에게 돈을 지불할 것이다. 그리고 당신을 다른 사람에게 소개할 것이다. 당신이 경제적으로나 감정적으로 어려움을 겪고 있다면, 다른 사람들에게 기여하고 그들의 문제를 해결할 방법을 추구하라. 그러면 당신은 부의 공식의 일부를 풀 수 있다.

교환(Exchange)

부를 얻기 위해서는 교환이나 거래가 이루어져야 한다. 교환이 이루어지려면 기꺼이 돈을 지불할 정도의 가치가 있는 상품이나 서비스, 아이디어를 제공해야 한다. 또한 교환이 성립하기 위해서는 서로 공정한 거래라고 납득해야 한다. 거래가 공정하지 않으면 어느 한쪽의 삶에 재정적 공백이 만들어지기 때문이다. 받기만 하고 주지 않는 것이 허용되는 사회에서는 공정한 교환이 일어나지 않는다. 공정한 교환 없이 상대에게 가치를 제공하기만 한다면 감정적인 불만이 쌓이게 되고 그것은 역으로 가치 창출을 감소시킬 것이다. 장기적인 가치를 창출할 수 있는 재정적 공급이 사라지기 때문이다.

레버리지(Leverage)

레버리지를 풀어 말하면 '가치 창출을 위한 규모와 속도의 법칙'이다. 당신이 사회의 문제를 해결할수록 교환할 수 있는 재화의 양은 증가하며 교환의 기회는 늘어난다.

교환은 문제의 규모에 의해 지배되기 때문에 문제가 클수록 거래하는 양도 더 많아진다. 더불어 당신과의 교환을 공정하게 여기는 사람이 많아질수록 레버리지의 범위를 확장할 수 있다. 반대로 가치를 창출하지 못하고 문제를 해결하지 못하면 레버리지를 확장할 수 없다. 도리어 부정적인 평판 탓에 불리한 요소들만 확장될 것이다. 입에서 입으로 전해지는 바이럴 마케팅이 확산된다면 공식이 효과적으로 작동하고 있는 것이다. 사람들에게 가치를 제공한 당신의 아이디어는 유튜브에서 많은 조회 수를 얻고, 유명한 블로거나 셀럽들의 SNS로 퍼져나가기도 하고, TV 방송에 소개될 수도 있다. 미디어는 엄청난 효과를 발생시키는 레버리지다. 그러나 가치를 제공하는 데 실패한다면 당신의 아이디어는 다른 가치를 제공하는 이에게로 편입될 것이다.

돈의 종류

단숨에 부를 소유할 수 없다고 하더라도 겸손한 자세로 흔들리지 않고 부의 공식을 따른다면 결국 막대한 부를 끌어들이게 된다. 그리고 그전에 먼저 자신이 보유한 자산의 종류와 성격을 살펴봐야 한다.

유동성 현금

유동성 현금은 말 그대로 유동성 있는 자금을 의미하며 주기적으로 지불되어야 하는 고정 비용과 간접비에 사용되는 돈이다. 급여, 이자, 수수료 또는 정기 예금이나 배당금 등에 사용된다. 유동성 현금을 늘려가는 조직은 꾸준히 성장한다. 즉각적으로 움직이는 현금의 흐름을 시스템화하고 자동화해야 시간을 소비하지 않고 투자할 수 있다.

자본금

자본금은 현금이나 주식 등의 자산을 말한다. 유동성이 적은 현금, 계약금, 담보물 등이 여기에 해당된다. 자본금은 여러 변수로부터 자산을 보호한다. 증권이나 보통 예금은 자본금에 해당되지만 잔여 비용이나 가처분 비용은 포함되지 않는다. 당신은 안전 자산과 순자산을 증식시키기 위해 반드시 자본금을 보존하거나 증가시켜야 한다. 당신은 저축 예금, 보증금, 연금, 주식의 형태로 자본금을 소유하고 있을 것이다. 부동산은 임대 수입을 발생시키고, 저축은 이자가 붙고, 연금은 매달 일정한 액수를 지급받고, 주식과 지분은 배당금을 발생시킨다. 자본금을 방치하지 말고 전략적으로 사용하여 소득을 생산하라. 부채를 해결하거나 매달 상환하여 잠재적 위험 요소를 줄여라.

유형 자산

유형 자산은 금, 자동차, 시계, 보석, 미술품, 와인, 골동품 같은 유형의 물건을 말한다. 에르메스 핸드백이나 엔틱 가구 등은 가치가 매우 높은 물적 자산이다. 전쟁, 테러, 환율 폭락 같은 극단적인 상황으로부터 당신을 보호하기 위해 재산을 유형 자산의 형태로 분산하여 보유할 수 있다. 나는 시계를 좋아한다. 몇 가지 브랜드의 시계를 연구하고 수집하는 것을 즐긴다. 그 시계들은 나의 부를 보존하면서 가치도 증가하고 있다. 또한 보석, 악기 등 시간이 지날수록 가치가 높아지거나 높아질 가능성이 있는 유형 자산 투자함으로써 소비 욕구와 투자를 통합할 수 있다.

수동 소득

수동 소득은 불로소득이다. 당신이 돈을 벌기 위해 열심히 일하지 않아도 저절로 들어오는 소득이다. 로열티, 저작권료, 예금 이자, 임대 수익, 주식 배당금 등을 통해 얻을 수 있다.

부의 이동 경로

화폐가 없던 시대에는 시간을 사고팔았다. 시간은 실제적인 통화였다. 동전과 금속 화폐가 도입되기 전, 정부가 화폐 제도를 통제하기 전에는 다른 사람이 가치 있게 생각하는 서비스를 제공하기 위해 시간을 교환했다. 그렇게 하지 않았다면 죽을 수밖에 없었을 것이다. 음식을 구할 방법이 없었고, 사냥을 하지 못하면 생명을 유지할 수 없었다. 그래서 시간을 상품이나 서비스와 교환했고, 그것은 다시 다른 상품이나 서비스와 교환되었다. 공정한 교환을 통제할 수 있는 보편적인 통화 시스템이 없었을 땐 시간이 유일한 화폐였던 것이다.

통화란 실제로 어떤 '흐름'과 같으며 시간 투자의 유동적인 가치 교환이다. 통화는 사람들 사이의 지속적인 시간의 흐름이다. 돈이 한 사람에게서 다른 사람에게로 흘러가듯이 시간도 흘러간다. 당신은 더 많은 통화를 창출함으로써 더 많은 돈을 벌 수 있다. 세상 모든 것이 화폐 형태의 시간의 흐름이다.

그러나 공정 교환이 이루어지지 않을 때, 다시 말해서 구매자나 판매자의 가치 기준이 양 끝에 있을 때, 당사자는 자신이 충분한 가치를 인정받지 못한다고 느끼거나 속고 있다고 느끼게 된다. 이런 경우, 통화로서의 시간은 순기능을 상실하게 된다. 속고 있다고 느끼는 구매자는 보상받을 방법을 찾기 위해 다른 사람들에게 자신의 경험을 얘기할 것이고, 가치가 저평가된다고 느낀 구매자는 더 이상 그 판매자에게 시간을 지불하지 않을 것이다. 결국 화폐는 필연적으로 탄생할 수밖에 없었다.

자본주의의 탄생

21세기의 가장 큰 혁신은 정보가 화폐의 한 종류가 된 것이다. 정보의 가치가 높아지면서 값을 측정하기 어려운 무형의 정보를 레버리지로 활용할 수 있게 되었다. 정보 시대 이전은 산업 시대였다. 이 시대는 1760년경 영국에서 시작되어 다른 나라로 퍼져나가 경제 구조를 전복시켰다. 이 시기의 특징은 방직 기계와 증기 기관 같은 동력 구동 기계의 등장이다. 수동식 도구가 대체되고 산업의 규모가 거대해졌다.

포드Ford 자동차를 만든 헨리 포드Henry Ford처럼 기계와 공장을 소유하여 변화를 받아들인 사람은 큰 부자가 되었다. 반면 기계를 레버리지 하는 법을 몰랐던 사람은 퇴보할 수밖에 없었다.

정보 시대는 1975년경에 시작되었다. 이 시대의 특징은 방대한 정보의 수집과 정보의 즉각적인 이동, 정보 기반 산업의 증가로 요약할 수 있다. 공장을 기반으로 했던 경제가 정보를 기반으로 한 온라인 시장으로 이동했다. 산업 시대의 시작이 산업 혁명인 것처럼 정보 시대의 시작은 디지털 혁명이다. 산업 시대 때도 그랬지만, 모든 것이 점점 자동화되었고 노동자들은 쉽게 자동화될 수 없는 업무를 찾아다닐 수밖에 없었다. 그러나 기술이 발전하면서 사람을 필요로 하는 업무는 빠르게 줄어들었다. 기계에 의해서 대체되었던 노동자들이 이제 정보와 기술에 의해서 대체되고 있다.

자동화와 전산화는 일자리를 감소시켰지만 반대로 생산성은 증가시켰다. 노동 인구에도 크게 영향을 미쳤다. 예를 들면, 미국의 경우 1972년 1월부터 2013년 8월까지 제조업에 종사하는 노동자의 숫자가 1,750만 명에서 1,150만 명으로 감소한 반면 제조 가치는 270퍼센트나 증가했다. 오늘날 우리가 살고 있는 시대는 이러한 현상이 극도로 심화되고 있다. 노동자들은 글로벌 고용 시장에서 경쟁할 수밖에 없기 때문에 일자리 다툼은 더 심각해졌다. 육체노동 계층과 연관된 일자리는 아웃소싱되거나 자동화됨으로써 설 자리를 잃었고 양도 급격히 감소했다. 정보 시대에 일자리를 잃은 개인들에게는 두 가지 선택이 주어졌다. 지식 근로자 그룹에 합류하거나, 단순한 기술이 필요한 업종이나 낮은 임금을 주는 서비스 직종에 정착해야 했다. 대부분이 후자에 속했다. 양극화된 선택을 할 수밖에 없었다.

정보 시대가 불과 40년 전에 생겨났다는 것은 놀라운 사실이다. 산업 시대는 정보 시대가 시작되기 215년 전에 시작되었다. 여전히 변화는 빠르고 사람은 소모되고 있다. 변화를 수용하는 사람에게는 긍정적 영향을 미치지만 변화를 따라잡지 못하는 사람에게는 부정적인 결과가 더 심하게 가속되고 있다.

돈의 속도

정보 시대의 가장 큰 특징은 정보가 이동하는 속도와 그 정보에 접근하고, 소비하고, 공유하는 속도다. 인류는 정보의 속도를 더 레버리지 할 수 있게 되었다. 몇 세기 전에는 정보의 속도와 말이 달리는 속도가 동일했다. 그다음엔 배의 속도와 같았다. 다음에는 자동차, 다음에는 비행기의 속도만큼 빨리 이동할 수 있었다. 나아가 오늘날의 정보는 소리와 전파의 속도를 넘어 광섬유를 통한 빛의 속도로 이동한다. 이것은 혁신이다. 정보는 화폐이자 상품이 되었다.

당신은 이제 어느 때보다 빨리 배울 수 있다. 집에서, 세계 어딘가에서, 누구에게나 배울 수 있다. 어떤 것이든 독학할 수 있다. 구글은 시간을 보존할 수 있도록 편리하고 빠른 파일링시스템으로 전 세계의 정보를 정리해준다.

당신은 어떤 언어든지 즉시 배우고, 좋아하는 뮤지션의 영상을 보며 연주를 배우고, 좋아하는 스포츠 선수에게 스포츠를 배우고, 좋아하는 연예인을 모방해서 자신의 스타일을 꾸밀 수 있다. SNS를 통해 그들과 소통할 수도 있다. 오디오, 비디오, 텍스트 같은 다양하고 편리한 포맷으로 모든 정보에 접근할 수 있다. 블로그, 트위터, 인스타그램을 이용해 단편적인 정보도 얻을 수 있다.

빛의 속도로 이동하는 아이디어와 정보는 이전 시대의 사람들이 수십 년에 걸쳐 체득한 지식이다. 당신은 그 어떤 시대보다 빨리 자신의 가치와 능력을 레버리지 할 수 있다. 정보는 우리의 시간 보존을 극대화하고 비용을 최소화하는 레버리지를 가능하게 만들었다.

더불어 정보 거래는 가장 혁신적인 성장 산업 중 하나가 되었다. 이제 정보의 대부분이 디지털화되었다. 디지털 세계에서는 1분에 2억 4000만 개의 이메일이 전송되고, 4만 7000개의 앱이 다운로드되고, 6만 1141시간의 오디오가 다운로드되고, 2,000만 장의 사진이 업로드되고, 10만 개의 트윗이 올라오며, 600만 개의 페이스북 페이지가 조회되고, 200만 개의 구글 검색이 이루어지고, 130만 개의 비디오가 조회된다. 정보 마케팅은 전 세계적으로 1,000억 달러 이상의 가치가 있는 현대 산업이다.

전 세계 인구의 79퍼센트가 SNS를 사용하며, 61퍼센트가 온라인 뉴스 레터를 사용하고, 51퍼센트가 블로그를 사용하고, 42퍼센트가 웹 세미나를 사용하고, 16퍼센트가 팟캐스트를 사용하고 있다. 전통적인 인쇄 매체의 경우, 겨우 39퍼센트의 인구가 인쇄된 잡지를 보고, 25퍼센트가 인쇄된 신문 기사를 본다. 종이 우편의 44퍼센트는 열어보지도 않고 버려지고 86퍼센트가 TV 광고를 건너뛰며, 전통적인 마케팅에 의해 생성되는 것보다 54퍼센트 더 많은 예비 고객 명단이 정보 마케팅에 의해 생성된다.

육체노동자들이 점점 더 가치를 잃고 시스템, 기계, 테크놀로지에 의해 대체되면서 지식 노동자와 정보는 더 중요해지고 있다. 초 단위로 수십억 인구에게 도달 가능한 다양한 채널 덕분에 정보를 판매하는 일은 더 쉬워졌다. 당신은 지금 당장이라도 당신의 아이디어를, 지식을, 경험을, 음악을 팔 수 있다. 심지어 당신의 비판적인 의견도 팔 수 있다. 거의 무료로 온라인 인맥을 구성할 수 있고, 페이팔을 통해 돈을 교환할 수 있고, 와이파이가 되는 곳에서 공짜로 비즈니스를 할 수 있다. 정보 비즈니스는 다른 어떤 비즈니스보다 리스크가 적다.

상점을 임대하지 않고, 자유로운 시간에, 전 세계의 고객을 기반으로, 세계 어느 곳에서나 비즈니스를 운영할 수 있다. 주식, 재고, 간접비가 필요 없다. 당신은 동일하거나 비슷한 정보를 비용을 거의 들이지 않고 수백만 번 재판매할 수 있다. '재고 한도' 같은 것은 없다. 다른 용도에 맞도록 재포장해서 온라인이나, 킨들Kindle, 아이튠즈iTunes에 판매할 수 있다.

정보 마케팅은 레버리지를 판매하는 것이다. 당신은 상품을 한 번 만들어서 여러 번 돈을 벌 수 있다. 일단 상품이 만들어지면 앞으로 몇 년 또는 몇 십 년 동안 소득을 창출할 수 있다. 바이럴 마케팅viral marketing을 통해 SNS 중독자들이 그 상품을 공유하고 판매하게 할 수 있다. 정보와 아이디어 마케팅은 최소의 낭비로 최대의 보상을 가져다주는 최대의 레버리지다. 당신이 창조하는 정보와 각 매체를 효율적으로 레버리지 할 때 진정한 자산이 된다.

당신은 재능, 기술, 전문 지식을 가지고 있다. 적어도 특정한 한 분야에서 다른 사람보다 뛰어나다면, 앞서 말한 채널들을 통해 그 분야의 사람들이 겪고 있는 어려움을 해결해줄 수 있다. 지금까지는 그렇게 할 수 있다는 것을 몰랐거나 자신의 가치를 몰랐을 뿐이다. 모든 사람이 내면에 한 권의 책을 가지고 있다. 문제는 대부분 발견하지 못한다는 것이다. 그 책에서 당신의 정보를 꺼내라. 당신의 고유한 재능을 통해 더 많은 사람에게 기여하고 당당하게 대가를 받아라.

레버리지의 시대

여기까지 함께 와준 당신에게 감사한다. 레버리지는 해변에 앉아서 칵테일을 마시는 노인의 모습으로 상징되는 은퇴나 자유가 아니다. 당신의 최종적인 목표가 무엇이든, 그것을 나중으로 미루지 않고 지금을 즐기는 것이다. 또한 당신이 생각하는 '끝'에 도달했을 때, 상심 증후군이나 성취감의 부재를 겪지 않아야 한다.

레버리지 라이프는 열정과 직업을 균형 있게 통합하고, 어느 한쪽이 지나친 희생을 하지 않도록 조절하면서 고양된 삶을 살아가는 것이다. 행복과 슬픔의 균형을 이해하고 수용하며, 중복과 낭비를 줄이고, 시간 낭비를 최소화함으로써 은퇴를 뒤로 미루지 않고 지속적으로 짧은 은퇴를 즐기는 것이다.

이제 당신은 평범한 것을 의심하고 비판적인 눈으로 끊임없이 당신의 비전을 성취할 수 있는 가장 빠르고 지속 가능한 방법을 추구해야 한다. '내가 어떻게 그 일을 할 수 있을까?' 또는 '나는 그 일을 할 수 없어'라고 생각하는 게 아니라 '그 일을 누가 하게 할 수 있을까?'라고 생각해야 한다. 당신이 살아 있음을 느끼지 못하게 하는 모든 일을 아웃소싱하여 당신 없이도 일이 진행되도록 해야 한다. 가장 높은 목표와 비전에 따라 돈을 벌고, 지속적인 차이를 만들어내고, 당신의 가치에 기여하고, 우선순위가 아닌 모든 일은 줄이거나 제거해야 한다.

현재 내 비즈니스는 임대업, 강연, 전자 상거래, 대출, 광고 등을 포함한 일곱 개의 비즈니스로 확장됐다. 처음에는 직원이 어머니뿐이었지만, 지금은 100여 명의 직원이 일하고 있다. 더불어 영국뿐 아니라 여러 나라에서 매년 600회 이상의 레버리지 트레이닝 캠프를 개최한다. 단순한 자랑이 아니다. 나의 멘토들과 친구 중에는 더 큰 규모의 비즈니스를 운영하고 있는 사람도 많다. 그들은 오히려 내게 도전 의식을 키워주는 사람들이다. 만일 내가 혼자 열심히 일만 하고 살았다면 그 어떤 일도 해낼 수 없었을 것이다. 돈은 혼자 버는 게 아니다.

레버리지는 다른 사람들의 시간, 경험, 네트워크를 이용해서 더 짧은 시간에 더 많은 일을 하는 것이다. 지금 준비되어 있지 않다고 해도 레버리지를 시작해야 한다. 시간을 소비하지 말고 투자하라. 자책감을 느끼거나 비용을 걱정하지 말고 다른 사람들이 당신을 위해 일하게 만들어라. 팀을 구축하라. 관리하라. 리드하라. 낮은 가치의 업무에 집중하지 마라. 그런 일은 기회비용이 매우 높다. 레버리지를 수용하면 시간을 자유롭게 사용할 수 있고, 절약된 시간에 더 많은 돈을 벌고, 당신이 좋아하는 일을 할 수 있다.

당신의 집중력을 흐트러뜨리는 모든 일로부터 당신을 분리시켜라. 다른 사람들이 당신에게 긴급한 업무를 강요할 때 'NO'라고 말하고 무시하라. 현재 하고 있는 업무 중에서 일부 또는 대부분을 놓지 않으면 당신은 성장할 수 없다. 당신은 당신만큼 그 일을 잘할 수 있는 사람이 없다고 생각할지 모르지만 그것은 착각이다. 다른 사람도 할 수 있다. 당신은 단지 적절한 사람들을 찾아내고, 그들이 당신의 비전에 동화되도록 돕고, 그들을 신뢰하면 된다. 당신을 비판하는 사람들이 당신에 대해 무슨 말을 하든지 신경 쓰지 마라.

당신에게 가장 높은 가치를 가진 분야에서 성장하고, 다른 모든 것들은 놓아버려라. 레버리지는 연금이나 은퇴, 영원히 오지 않을지도 모를 나중을 위해 행복을 연기하는 것이 아니라, 지금 이 순간에 변화를 만들어내고, 다른 사람들에게 봉사하면서 하루하루를 즐기고, 원하는 일을 하면서 성취감을 느끼는 고양된 삶이다.

노년이 되어서야 할 수 있는 것이 아니다. 당신이 비전을 가지고 있는 한, 이 모든 것을 지금 이룰 수 있다. 당신은 이제 선택해야 한다. 레버리지 할 것인지, 레버리지 당할 것인지.

당신의 하루는 얼마입니까?

나는 특별한 사람이 아니다. 대학 시절에 몇 가지 사업을 시도했으나 모두 실패했다. 빚이 엄청나게 늘어나 완전한 파산 상태에 빠지기도 했다. 건축학을 전공하고 술집을 운영하다가 화가로 활동하기도 했지만, 지금은 그것들과 전혀 상관없는 부동산 사업을 하고 있다. 처음 사업을 시작하던 시절엔 별다른 능력도, 재력도 없었다. 게다가 서브프라임 모기지 사태 직전에 부동산 사업을 시작한 걸 보면 운도 없었다. 그러나 레버리지를 깨달은 지 채 1년도 되지 않아 내 자본은 단 한 푼도 들이지 않고 경제적 자유를 획득했다.

나는 삼십 대 중반의 젊은 나이에 영국에서 가장 부유하고 가장 성공한 '모험적인 기업가'로 인정받았다. 1년 중에서 3개월을 그랜드 캐니언, 플로리다, 모나코, 두바이에서 지내며 현재는 적은 돈을 받으며 열심히 일하는 사람들이 사랑하는 사람과, 원하는 시간에, 좋아하는 일을 하며 살기를 바라는 마음을 담아 전 세계에 레버리지 트레이너를 양성하고 있다. 더불어 페이스북과 블로그 등 다양한 채널을 통해 각국의 사람들과 소통하면서 레버리지 라이프를 전파하고 있다. 아내와 두 어린 자녀들과 함께 시간을 보내고, 배우고, 책을 쓰는 일에 대부분의 시간을 사용한다. 레버리지가 주는 가장 큰 선물은 사랑하는 사람들과 함께 보낼 수 있는 시간이다. 내가 할 수 있으면 당신도 할 수 있다.

　이제 당신은 일과 휴가, 열정과 직업을 통합하고, 더 짧은 시간에 더 많은 일을 하고, 모든 것을 아웃소싱하고, 당신의 이상적인 레버리지 라이프를 창조할 수 있는 충분한 지식을 갖췄다. 내가 더 빨리 레버리지를 알았다면 훨씬 더 많은 자유, 선택, 시간, 소득을 얻었을 것이다. 당신은 늦지 않았다. 삶에서 지루하고 따분한 일들을 최대한 많이, 최대한 빨리 레버리지 하는 것을 목표로 설정하라. 따분한 업무 중에는 성공의 걸림돌이 될 것들이 많다. 그런 일들을 기꺼이 대신해줄 사람을 둔 행운아가 아니라면 당신은 일주일에 수십 시간을 낭비하고 있을 확률이 높다.

　백만장자들의 시간은 한 시간당 750만 원의 가치가 있다고 한다. 열 시간만 낭비해도 엄청난 손해다. 백만장자들이 돈이 많기 때문에 레버리지가 가능하다고 생각할 수도 있지만, 그들은 부유하지 않았던 과거에도 자신의 시간에 매우 높은 가치를 부여하고 소득 창출 업무를 제외한 나머지 일들은 레버리지했기 때문에 백만장자가 된 것이다. 이제 당신도 삶을 낭비하는 일들을 하나씩 제거해야 한다. 레버리지를 사치로 생각하지 말고 반드시 해야 할 일로 생각하라.

나는 이 책에 나의 모든 것을 쏟아부었다. 이 책이 하나의 혁명이 될지 누가 알겠는가. 내가 할 수 있다면 당신도 할 수 있다. 당신이 하고 싶은 일이 무엇이든 레버리지를 활용하면 어느 곳에서나 원하는 시간에 그 일을 할 수 있다. 어떤 수준의 부와 자유를 원하든지 그것을 가질 수 있다. 매년 여름을 시원한 해변에서 보내고, 지독하게 추운 겨울은 세계에서 가장 따뜻하고 아름다운 장소에서 보낼 수 있다. 사랑하는 가족들과 시간을 함께 보내면서도 혼자만의 시간을 즐길 수 있다. 돈을 벌 수도 있고, 돈을 환원할 수도 있고, 세상을 변화시킬 수도 있다. 모든 건 당신의 선택에 달렸다. 나는 언젠가 당신이 내게 레버리지로 성공한 이야기를 들려줄 수 있기를 염원한다.

사람들은 항상 행동보다 말을 더 많이 한다. 당신은 말이 아니라 행동이 앞서는 사람이기를 바란다. 당신의 여정에 동행할 수 있던 것을 큰 특권으로 여기고 감사한 마음을 전한다. 더불어 이 책이 당신이 좋아하는 사람들에게 도움이 될 거라고 생각한다면 거리낌없이 추천해주기 바란다. 당신이 하는 모든 일에 행운이 있기를 빈다.

옮긴이 김유미

서강대학교 영어영문학과를 졸업하고, 현재 전문 번역가로 활동 중이다. 번역한 책으로는 『센서티브』, 『서툰 감정』, 『프로작 네이션』, 『행복한 라디오』, 『오만과 편견』, 『지식애』, 『무엇으로 읽을 것인가』, 『휴먼 3.0』, 『애거서 크리스티 전집』 등이 있다.

자본주의 속에 숨겨진 부의 비밀

레버리지

초판   1쇄 발행 2017년 5월 8일
개정2판 22쇄 발행 2024년 11월 11일

지은이 롭 무어
옮긴이 김유미
펴낸이 김선식

부사장 김은영
콘텐츠사업본부장 박현미
책임편집 임소연 **디자인** 황정민 **책임마케터** 오서영
콘텐츠사업4팀장 임소연 **콘텐츠사업4팀** 황정민, 박윤아, 옥다애, 백지윤
마케팅본부장 권장규 **마케팅1팀** 박태준, 오서영, 문서희 **채널1팀** 권오권, 지석배
미디어홍보본부장 정명찬 **브랜드관리팀** 오수미, 김은지, 이소영, 박장미, 박주현, 서가을
뉴미디어팀 김민정, 이지은, 홍수경, 변승주
지식교양팀 이수인, 염아라, 석찬미, 김혜원
편집관리팀 조세현, 김호주, 백설희 **저작권팀** 이슬, 윤제희
재무관리팀 하미선, 김재경, 임혜정, 이슬기, 김주영, 오지수
인사총무팀 강미숙, 이정환, 김혜진, 황종원
제작관리팀 이소현, 김소영, 김진경, 최완규, 이지우, 박예찬
물류관리팀 김형기, 김선민, 주정훈, 김선진, 한유현, 전태연, 양문현, 이민운

펴낸곳 다산북스 **출판등록** 2005년 12월 23일 제313-2005-00277호
주소 경기도 파주시 회동길 490 다산북스 파주사옥 3층
전화 02-704-1724 **팩스** 02-703-2219 **이메일** dasanbooks@dasanbooks.com
홈페이지 www.dasanbooks.com **블로그** blog.naver.com/dasan_books
용지 신승INC **인쇄** 한영문화사 **코팅·후가공** 평창피엔지 **제본** 국일문화사

ISBN 979-11-306-9724-6 (13320)

다산북스(DASANBOOKS)는 책에 관한 독자 여러분의 아이디어와 원고를 기쁜 마음으로 기다리고 있습니다.
출간을 원하는 분은 다산북스 홈페이지 '원고 투고' 항목에 출간 기획서와 원고 샘플 등을 보내주세요.
머뭇거리지 말고 문을 두드리세요.